「利他」とは何か

松英輔
kamatsu Eisuke
﨑憲一郎
zaki Kenichiro

a pilot of wisdom

はじめに——コロナと利他

伊藤亜紗

新型コロナウイルスの感染拡大によって世界が危機に直面するなか、「利他」という言葉が注目を集めています。

たとえば、フランスの経済学者ジャック・アタリは、二〇二〇年四月一一日に放送されたＮＨＫの番組「ＥＴＶ特集　緊急対談　パンデミックが変える世界～海外の知性が語る展望～」に出演し、パンデミックを乗り越えるためのキーワードとして「利他主義」をあげています。深刻な危機に直面したいまこそ、互いに競いあうのではなく、「他者のために生きる」という人間の本質に立ちかえらなければならない、と。

実際に、人々のあいだにも利他的な意識や行動が広まっているようです。なかでも顕著なのは、若い世代の動きです。

調査によれば、コロナ対策として国内の住民に一律配布された一〇万円の特別定額給付金の使い道に関して、少なくとも一部を寄付にあてたいと答えた人の割合は、二〇代が三七%ともっとも多くなっています。さらに、定額給付金以外にすでにコロナ関連で寄付を行ったという人は、二〇代で一八・七%、四〇代で一〇%、六〇代で八・一%と、若い世代のほうが年長世代に比べて倍以上の高い割合になっています（「10万円特別定額給付金に関する調査」コロナ給付金寄付プロジェクト、二〇二〇年六月調べ）。クラウドファンディングの仕組みが普及し、寄付が身近になったことも、こうした変化の背景としてあげられるでしょう。

ビジネスの現場においても、利他という言葉を耳にする機会が増えてきました。

ビジネスと利他というと稲盛和夫氏が有名ですが、最近では、やはりより若い世代のあいだで利他というキーワードが広まりつつあるようです。

たとえば、ファッションの世界。ファッションというと自分を着飾る利己的なイメージがありますが、もはやそれだけではないのです。ファッション誌「Harper's BAZAAR」の編集長、塚本香さんは、「今、ファッショナブルって何?」というコーナーで、ファッショナブルを定義するうえで「利他主義もこれからの重要なエレメントになる」と語っています（「Harper's BAZAAR」二〇二〇年一一月号）。

背景には、アパレル産業が抱える深刻な問題があります。私たちが毎日身につけている服は、つくられた分の約六割が着られることがないまま廃棄されているといわれています。また、染色など加工の過程で多量の化学物質を使うため、水を汚すことも大きな問題になっています。いまのファッションのあり方は、環境に対する負荷が非常に大きくなっているのです。二〇一九年にはついに、国連貿易開発会議で、ファッションは「世界で第二位の汚染産業」との汚名を着せられてしまいました。

また、安価な服づくりが開発途上国に負担をかけ、尊厳を欠いた労働環境をつくり出していることも問題になっています。二〇一三年にはバングラデシュの縫製工場の入ったビルが崩壊し、一〇〇〇人以上の労働者らが亡くなるという痛ましい事故が起こりました。工場では、機械をたくさん入れ、私たちがふだん着ているような先進国向けの比較的安価な服が大量に生産されていました。

このように、いま、さまざまな分野で「利他」の考え方が注目を集めています。そのなかには、パンデミック以降に新たに生じた問題もあるでしょうし、パンデミック以前から存在していた問題が、パンデミックを機会により注目されるようになった、というものもあるでしょう。

科学技術も、社会の営みも、本来は利他的なものであったはずです。にもかかわらず、私たちがこれほどまでに問題を抱えるようになったのはなぜなのか。そのためにはただ「利他主義が重要だ」と喧伝するだけでは不十分であるように思います。利他ということが持つ可能性だけでなく、負の側面や危うさも含めて考えなおすことが重要になってくるでしょう。

本書は、この問題について、分野も背景も異なる五名の研究者が、それぞれの視点から論じたものです。

第一章では、私、伊藤亜紗が、利他をめぐる近年の主要な動向を整理しつつ、共感や数値化など、そこにひそむ問題を指摘します。そしてケアの具体的な場面に焦点を合わせながら、制御できないものに開かれた「余白」を持つことに利他の可能性を見出します。よき利他においては、他者の可能性が引き出され、私もまた変化しています。

続く第二章では、中島岳志さんが、「贈与」や「他力」といった利他の根幹に関わる問題について、志賀直哉の作品や親鸞の言葉などを手がかりに論じます。贈与には、相手に負債の感覚を植えつけ、支配することにつながる残酷な面があります。むしろ、思わずやってしまうオートマティカルな行為にこそ、利他が宿るのかもしれません。

第三章では、若松英輔さんが、柳宗悦や濱田庄司のテキストを通して「民藝」の美に迫ります。用いられるなかで生まれる手仕事の美からみえてくるのは、自他のあわいに起こる「出来事」や「場」としての利他のあり方です。利他は「利他」と名指すことによって記号化し、死んでしまう、と若松さんは指摘します。

第四章では、國分功一郎さんが、中動態の枠組みから、近代的な「責任」概念をアップデートします。「おまえが自分の意志でやったんだろう」と他者から押しつけられるような責任でなく、困っている人を前に思わず「応答」してしまうような責任のあり方。そのような心のかたちに利他の可能性を求めます。

第五章では、磯﨑憲一郎さんが、小説の実作者の立場から、「つくる」行為の歴史性について語っています。つくるというと能動的な行為のように思えますが、書くことは予期せぬ流れに乗って「逸れて」いくことでもある。そうやって生まれた作品は、結果として、連綿と続く小説の歴史に奉仕するための仕事になっている、と磯﨑さんは言います。

五名それぞれ、立っているフィールドは違いますが、お読みいただければ、同じキーワードや観点を共有していることが分かると思います。

本書は、単なる論文の集まりという意味での「論集」ではありません。私たち五名は、東京工業大学のなかにある人文社会系の研究拠点「未来の人類研究センター」のメンバーとして、現在進行形で共同研究を行っています。私たちは、「利他」という問題をめぐって、日々意見を交換し、雑談し、わいわいと議論しています。

本書は、私たちが全員ではぐくんできた利他をめぐる思考の、五通りの変奏です。その意味では、五章すべてが、五人による共著ともいえます。

この研究プロジェクトはこれからも続きます。まだまだ分からないことや、解決していない問題がたくさんあります。いま私たちが立っているのは、せいぜい「考えるべき問題を机のうえに並べた」という段階にすぎないと思っています。

だからこそ、本書を起点にして、みなさんも日常のなかにひそむ利他的な関係のおもしろさや奥深さ、あるいはその難しさに、目を向けていただけたらと思います。本書はあくまで出発点であり、思考の「種」にすぎません。さあ、いったいどんな利他の景色がみえてくるでしょうか。

目次

はじめに――コロナと利他　伊藤亜紗――3

第一章　「うつわ」的利他――ケアの現場から　伊藤亜紗――17

利他ぎらいが考える利他
利他は自分のためになる？――合理的利他主義
私にできる最大の善――効果的利他主義
共感を否定する「数字による利他」
背景にある「地球規模の危機」
好かれる人になりましょう？
魚を与えるのではなく、魚の釣り方を教える
数値化によって消える利他の感情
数値化と説明責任
ブルシット・ジョブ
管理部門の肥大化

他者のコントロール
信頼と安心
利他の大原則
コロナ禍のなかでの相互扶助
ケアすることとしての利他
計画倒れをどこか喜ぶ
うつわ的利他
余白をつくる
利他の「他」は誰か

第二章　利他はどこからやってくるのか　中島岳志——65

「小僧の神様」と利他
「変に淋しい、いやな気持」
「贈与」の持つ残酷さ

マルセル・モースの『贈与論』
クラ交換は超自然的な力の命令
クラ交換は純粋贈与ではない
ハウ——人間の意思の外部による交換システム
ポトラッチ——贈与と負債
一般的互酬性は権力の萌芽
「利己的な利他」を超えられるのか
一方的な贈与——インドでの経験
返礼への違和感
「わらしべ長者」のなかの贈与
結果としての間接互恵システム
「聖道の慈悲」と「浄土の慈悲」
「私」は縁起的現象として存在している
五蘊の結合としての「私」

人間の意思に還元しすぎた近代
自己の限界を認識するのが他力
仏の業と利他
利他は私たちのなかにはない

第三章　美と奉仕と利他　若松英輔 —— 109

「利他」の原義——「利」とはなにか
「利他」の原義——「他」とはなにか
柳宗悦——「不二」の哲学
美という「利他」
器の心
用いられるなかで生まれる命
「生ける伴侶」
利他は行うのでなく、生まれる

手仕事と利他の一回性
沈黙という秘義
余白のちから
美や他者が見えなくなるとき
論理の道の先に真理はない
他者のトポスへのまなざし

第四章　中動態から考える利他——責任と帰責性

國分功一郎

いま改めてポストモダンであること
中動態は何を表しているか
中動態の消滅と意志の台頭
古代ギリシアに意志の概念はなかった
切断としての意志——アレントによる定義
アレントにおける意志とギリシア

意志と責任の結びつき
ギリシアにおける行為と行為者の関係
ギリシア悲劇における意志
人間的因果性と神的因果性という二律背反の両立
意志と罪
責任と帰責性
責任から利他へ

第五章　作家、作品に先行する、小説の歴史　磯﨑憲一郎——179

偶然の出会い
三十年後の驚き
作家は歴史に投げ込まれる
『楡家の人びと』に描かれた「大げささ」
ガルシア＝マルケス以前のマジック・リアリズム

小島信夫と保坂和志、作家の系譜
小島信夫の強烈さ
江藤淳のクリア過ぎる整理
三島由紀夫が「気味悪い」と言ったもの
すぐ傍に立っていた「トキ子」の異様さ
「これは馬小屋にするんでしょう?」
夢の中での無力感がもたらすエネルギー
設計図のないところに生まれるもの

おわりに――利他が宿る構造　中島岳志――210

参考文献――216

第一章　「うつわ」的利他——ケアの現場から

伊藤亜紗

伊藤亜紗（いとう　あさ）

一九七九年、東京都生まれ。美学者。東京工業大学科学技術創成研究院未来の人類研究センター長。リベラルアーツ研究教育院准教授。東京大学大学院人文社会系研究科美学芸術学専門分野博士課程修了。博士（文学）。専門は美学、現代アート。主な著作に『ヴァレリーの芸術哲学、あるいは身体の解剖』（水声社）、『どもる体』（医学書院）、『記憶する体』（春秋社、サントリー学芸賞）、『手の倫理』（講談社選書メチエ）など。

▼利他ぎらいが考える利他

「利他」とはなにか。

利他について研究を始めたとき、私は実は利他主義という立場にかなり懐疑的な考えを持っていました。懐疑を通り越して、むしろ「利他ぎらい」といっていいほどでした。

私はこれまで、目の見えない人や吃音（きつおん）の人、四肢切断した人など、さまざまな障害を持っている人が、どのように世界を認識し、その体をどのように使いこなすのかを調査してきました。

理由は追って説明しますが、障害のある人と関わるなかで、利他的な精神や行動が、むしろ「壁」になっているような場面に、数多く遭遇してきたからです。「困っている人のために」という周囲の思いが、結果として全然本人のためになっていない。利他は利他的ではないのではないか？　そんな敵意のような警戒心を抱くようになっていたのです。

でも、だからこそ思いました。利他のことを正面から考えてみたい、と。なんてあまのじゃくなんだ、と思われるかもしれません。けれども研究者というのは、得てして本人にとってよく分からないもの、苦手なものを研究対象とするものなのです。

そして、実は多くの人が、「利他という言葉は聞くけれどその実態はよく分からない」と感じているのではないかと思います。

キリスト教の「隣人愛」や、浄土真宗の「他力」など、利他の考え方は伝統的に宗教的な価値観と密接に結びついていました。こうした背景を理解することは重要ですが、「はじめに」でお話ししたとおり、現代における利他という言葉は、しばしば宗教的な文脈とは切り離されて流布するようになっています。その結果、「利他」の輪郭もかなり曖昧なものになっているように思います。

たとえば、利他というと自己を犠牲にするイメージがあります。利他的な社会とは、お互いにちょっとずつ我慢しなければならないような社会なのでしょうか？

あるいは、共感の問題。利他と共感の関係は、利他をめぐる古典的な争点のひとつですが、利他に共感が必要だとしたら、共感できる人にだけ利他的に振る舞い、共感できない人に対しては、利他的に振る舞わなくてもよいのでしょうか？

こうした疑問を念頭に置きつつ、第一章では、現代社会が置かれた状況にフォーカスを合わせながら、これまでの研究プロジェクトを通してみえてきた「利他のかたち」について、お話ししてみたいと思います。

▼利他は自分のためになる?——合理的利他主義

まず、「はじめに」でもとりあげた経済学者ジャック・アタリの利他主義について考えていきましょう。

アタリは、以前からパンデミックを予想し、地球に迫る危機について警鐘を鳴らしてきました。そのなかで、彼は地球を救うために必要な利他主義の重要性を強く主張してきました。

アタリの利他主義の特徴は、その「合理性」です。件(くだん)のNHKの番組でも、アタリはこう語っています。

> 利他主義とは、合理的な利己主義にほかなりません。みずからが感染の脅威にさらされないためには、他人の感染を確実に防ぐ必要があります。利他的であることは、ひいては自分の利益になるのです。またほかの国々が感染していないことも自国の利益になります。たとえば日本の場合も、世界の国々が栄えていれば市場が拡大し、長期的にみると国益にもつながりますよね。

合理的利他主義の特徴は、「自分にとっての利益」を行為の動機にしているところです。他者に利することが、結果として自分に利することになる。日本にも「情けは人のためならず」ということわざがありますが、他人のためにしたことの恩恵が、めぐりめぐって自分のところにかえってくる、という発想ですね。自分のためになるのだから、アタリの言うように、利他主義は利己主義にとって合理的な戦略なのです。

こうした考え方は、いうまでもなく、利他主義は利己主義の対義語である、という伝統的な考え方を意図的に転倒させたものです。

「利他主義 Altruism」という言葉は、フランスのオーギュスト・コントによって、一九世紀半ばに提唱されるようになった、比較的新しい造語です。「altrui」とは古フランス語で「他者」のこと。元になったラテン語は「alter」ですから、これは「オルタナティブ（別の、ほかの）」という言葉をイメージすると分かりやすいですね。

コントが利他主義と言ったとき、この言葉は「利己主義 Egoism」に対置される言葉として想定されていました。コントにとって利他主義とは「他者のために生きる」こと、つまり自己犠牲を指していたのです。

こうしたコントの考え方からすると、合理的利他主義の考え方は、まさに「ルーツをひっくりかえす」発想であるといえます。これをどう考えるかについては、またあとで述べたいと思います。いずれにせよ、合理的利他主義は、現代の利他をめぐる主要な考え方のひとつとなっています。

▼私にできる最大の善――効果的利他主義

利益を動機とするという点で合理的利他主義の特徴をさらに推し進めたのが、効果的利他主義です。効果的利他主義の考え方は、日本人の感覚からするとちょっとギョッとしてしまうところもあるのですが、二〇〇〇年代半ばごろから、英語圏を中心とする若者エリート層のあいだでかなりの広がりをみせています。

効果的利他主義の理論的支柱となっているのは、哲学者のピーター・シンガーです。彼は、効果的利他主義の原則を、端的にこう述べています。

効果的な利他主義は、非常にシンプルな考え方から生まれています。「私たちは、自分にできる〈いちばんたくさんのいいこと〉をしなければならない」という考え方です。

（『あなたが世界のためにできるたったひとつのこと――〈効果的な利他主義〉のすすめ』）

自分にできる〈いちばんたくさんのいいこと〉。ポイントは、「いちばんたくさんの」というところにあります。最大多数の最大幸福。つまりこれは「功利主義」の考え方です。効果的利他主義は、単に功利主義をとなえるにとどまらず、幸福を徹底的に数値化します。たとえば自分の財産から一〇〇〇ドルを寄付しようとする場合、それをどの団体に、どのような名目で寄付をすると、もっとも多くの善をもたらすことができるのか。得られる善を事前に評価し、それが最大になるところに寄付の対象を定めることによって、効率よく利他を行おうとするのです。

シンガーの本から具体的な例を引いてみましょう。アメリカで盲導犬を一頭養成するのに必要な金額は四万ドルである、という数字があげられています。これは発展途上国でトラコーマという目の病気を四〇〇人から二〇〇〇人治療できる金額に相当します。ならば、アメリカ国内での盲導犬の養成よりも、発展途上国での治療のためにお金を払ったほうが、より多くの目の悪い人を助けることができる。つまり「より多くのいいこと」ができるので、発展途上国のトラコーマ治療のために寄付をしたほうが効果的である、と判断されることになります。

実際、アメリカを中心にさまざまな効果的利他主義の団体が立ち上がっていますが、そのウェブサイトを見ると、行われているのは徹底的な「評価と比較」です。シンガーの著作名を冠した「The Life You Can Save」というサイトでは、「Best Charities」としてオススメの効果的な寄付先のリストが用意してあり、ボタンひとつで手軽に寄付ができるようになっています。

あるいは「Giving what we can」というサイトでは、居住地、年収、家族構成を入力すると、自分が裕福さにおいて世界の上位何％に入るかが示され、年収の一〇％を寄付することによって、蚊帳であれば何張、寄生虫症の薬であれば何錠、健康な生活であれば何人分贈ることができるかが、一瞬で分かるようになっています。

▼共感を否定する「数字による利他」

効果的利他主義は、なぜここまで数値化にこだわるのか。それは、利他の原理を「共感」にしないためです。

最近親戚ががんで亡くなったから、がん治療の研究をしている組織に寄付をしよう。職場に視覚障害者がいるから、盲導犬の育成を行っている団体に寄付しよう。

こんなふうに考えるのが、共感にもとづく利他だ、と彼らは言います。日本風にいえば、「ご縁」があったもの、精神的物理的に近いものに対して、施しをしようとする。

ところが、効果的利他主義は、こうした共感にもとづく利他を否定します。共感にもとづいて行動してしまうと、ふだん出会うことのない遠い国の人や、そもそもその存在を意識していない問題にアプローチできないからです。

もちろん、だからといって、効果的利他主義者も共感そのものを否定するわけではありません。しかし、利他的な行動が共感に支配されないようにすること、共感よりも理性にもとづいて利他を行うことが重要である、と言うのです。シンガーの言葉を引いてみましょう。

> 効果的な利他主義者は、(中略)ともすれば人生を支配してしまいがちな個人的な思い入れから、自分を切り離すことができているのです。個人の思い入れを切り離すことがすべてではありませんが、それが生き方に大きな違いをもたらしています。そ

の根底には、自分の「傾向や好みや愛情」から独立した視点で、自身の生き方を評価するような、理性の力があります。（同前）

実際にこの動きに賛同している若い人たちのなかには、就職先を選ぶときにも、共感よりも数字を重視する動きがあるといいます。仕事の内容そのものが利他的であるかどうかではなく、数字のうえで利他的な仕事、つまりいちばん儲かる、ゆえにいちばんたくさん寄付できる職に就くことを選ぶのです。

たとえば、シンガーの本のなかで、プリンストン大学哲学科を最優秀論文賞を受賞して卒業した若者の話が紹介されています。その若者は、利他心が非常に強かったのですが、オックスフォード大学の大学院に進む道を蹴って、ウォール街に就職したというのです。利他とは対極にも思える、生き馬の目を抜くような金融街に飛び込んで、株のトレーダーになったのです。

これまでの価値観であれば、他者のために働きたいと考える若者なら、慈善事業を行うＮＰＯに就職したり、社会起業家になったり、あるいは研究者になったりするケースが多かったでしょう。

ところがこの若者は、限られた給料しかもらえない仕事に就いて、その一割を寄付するよりも、ウォール街でめいっぱいお金を稼いで、その給料の半分を寄付したほうが、人のために働くには効果的だと考えたのです。彼の目標は「貧困にあえぐ子どもたち一〇〇人の命を救う」だったのですが、それをわずか一、二年で成し遂げました。

▼背景にある「地球規模の危機」

共感が否定される背景にあるのは、私たちが現在、地球規模の危機にあるという認識です。

もし地球上のすべての人がアメリカ人の平均レベルの生活をしようとしたら、それを支えるのに必要な資源を確保するために、地球が五個必要だといわれています。そのくらい、現在の先進国の生活の仕方は、環境に与える負荷があまりにも大きい、「地球に見合っていない」生き方なのです。

にもかかわらず、私たちは生活の仕方を根本的に変えることができないでいる。毎年のようにやってくる豪雨、頻発する山火事、溶ける氷河……このままでは地球が持ちません。環境破壊以外にも、感染症の問題や、先進国と発展途上国の格差の問題、人種や宗教をめぐる分断など、私たちは地球規模の問題を山のように抱えています。

人間がこうした地球規模の問題にうまく対処できない根本的な原因は、人間の想像力の貧困さなのではないかと思います。いや、想像力そのものは貧困ではないのですが、想像力ではとらえられないほどの量と複雑さで人々の活動が相互に、かつ未来にわたって影響しあう世界を、私たちはつくってしまった。

この地球規模の膨大で複雑な連関をあらわにしたのが、まさに今回の新型コロナウイルスでした。グローバル化によってあらゆるものがつながり、自分の行動が思いもよらないところに影響を与え、また影響を被る。地球規模のネットワークがあったからこそ、ウイルスはまたたくまに世界中に広がることができたのです。

増大する地球規模の連関と、それに追いつけない想像力。二〇二〇年の春、イタリアの小説家パオロ・ジョルダーノは、ロックダウン下のローマで、こう書きつけています。

ひとりひとりの行動の積み重ねが全体に与えうる効果は、ばらばらな効果の単なる合計とは別物だということだ。アクションを起こす僕らが大勢ならば、各自のふるまいは、理解の難しい抽象的な結果を地球規模でいくつも生む。感染症流行時に助け合いの精神がない者には、何よりもまず想像力が欠けているのだ。（『コロナの時代の僕ら』）

このような想像しがたい膨大で複雑なネットワークを前にして、合理的利他主義や効果的利他主義が「理性」を強調するのは、ある意味では当然です。

つまり、地球規模の危機は、「共感」では救えないのです。なぜならそれは、想像もできないような膨大で複雑な連関によって起こっている危機であり、「近いところ」に関わろうとする共感では、とらえることができないからです。

だからこそ、人間は、理性によってこそ、地球を救うことができる。アタリの言葉を引用してみましょう。アタリは「人類のサバイバル」というかなり煽動（せんどう）的な言葉を使っていますが、同時に「理性」の重要さを主張しています。

消費者、労働者、市民として、寛容であることは自身の利益であると理解できるようになってこそ、他者の存在や、他者と分かち合うことに寛容になれる。こうしてわれわれは、他者、とくに次世代を助けることは、自分たちの大きな特権であると同時に、自分たちの利益になると強く感じるようになる。

そのような自覚があってこそ、自由という理想から利他主義という理想への本格的な転換が始まる。こうしてこそ、憤懣から激怒への逸脱が避けられる。
そしてこの転換こそが、人類のサバイバルのカギである。利他主義が押しつけられるのではこの転換は生じない。誰もが利他主義を理性的かつ情熱的に熱望し、利他主義が人々の心の奥底に根づかなければならない。

（『2030年ジャック・アタリの未来予測——不確実な世の中をサバイブせよ！』）

▼好かれる人になりましょう?

みなさんは、このような合理的利他主義や効果的利他主義の考えについて、どう思われるでしょうか。

なるほどと思う面もあります。

たとえば、先に指摘した「共感」の問題。

共感といってもいろいろありますが、それが近いところや似たものに向かう共感であるかぎり、地球規模の危機を救うために役立たないのは、彼らが指摘するとおりです。

加えて共感は、もっと身近な他者関係でも、ネガティブな効果をもたらすことがあります。なぜなら、「共感から利他が生まれる」という発想は、「共感を得られないと助けてもらえない」というプレッシャーにつながるからです。これでは、助けが必要な人はいつも相手に好かれるようにへつらっていなければならない、ということになってしまいます。それはあまりに窮屈で、不自由な社会です。

以前、特別支援学校の廊下に「好かれる人になりましょう」という標語が書いてあって、愕然としたことがあります。もしこの言葉が、「助けてもらうために」という前提を無意識に含んでいるのであれば、障害者には自分の考えを堂々と述べたり、好きな服を着たり、好きなことをしたりする自由がないということになってしまいます。これは、障害者の聖地カリフォルニア州のバークレーの街角で見かける、髪を紫に染めてタバコを吸いながら悠然と車椅子に乗って進むパンキッシュな障害者の姿とはまったく対照的です。

また、こうした合理化が求められる背後にある事情として、とくにアメリカでは寄付の文化が成熟しているという事情もあるでしょう。少し古いデータですが、二〇〇八年のアメリカではGDP比で二・二%、およそ三六兆円を寄付が占めています。これに対して、二〇〇七年の日本の寄付額はGDP比で〇・一一%、金額にして約六〇〇〇億円にとどまっています。

個人寄付が多いのも特徴です。アメリカでは寄付全体の八割が個人寄付ですが、日本では個人寄付は二割。大部分が法人寄付によって占められています。

このような背景があるなかで、エリート層を中心に、「同じ寄付をするならどこに寄付するのが効率的か」と考えたくなるのは、自然な発想なのかもしれません。

▼魚を与えるのではなく、魚の釣り方を教える

しかしながら、同時に違和感も覚えます。

最大の違和感は、やはり数字へのこだわりです。本当に、数字は利他への道なのでしょうか。

まず、利他は寄付することだけではないはずですが、数字にこだわるかぎり、金銭や物資の寄付という数値化しやすいものがもっとも効果的であるかのような印象を抱いてしまいます。

加えて、数値化という価値観を問う必要があります。数値化は、長い目でみたときに、私たちの社会を利他的なものにするのでしょうか。

たしかに、多額の寄付をすることは、その行為単体でみれば、多くの人の命を救い、生

活を向上させているかもしれません。しかしながら、多額の寄付をするためなら手段を選ばないというのでは、長い目でみた場合、そして地球規模で考えた場合、本末転倒であるようにも思えます。

先述したプリンストン大学卒の若者が働いているウォール街では、株取引のかなりの部分が、ミリ秒を争う超高速でなされているといわれています。利益を最大化することだけをプログラムされたコンピューターによる、自動取引が行われているからです。一回一回の取引には人間の意思決定は介在しておらず、ただ利益のためだけに巨額のマネーが右へ左へと動かされている。

取引される商品も複雑化しています。二〇〇〇年ごろから、アメリカでは銀行ではなく仲介会社が住宅ローンを発行するようになったため、契約件数ばかりを競いあう状況が生まれていました。さらに銀行が、優良ローンから怪しいものまでもとりまぜた金融商品を売り出すようになりました。こうして、それぞれのローンの返済可能性を厳しくチェックする人がいない状況になってしまったのです。

周知のとおり、こうしたなかで起こったのが、二〇〇八年のリーマンショックです。リーマンショックが起こったとき、金融の中心には、数字の背後で実際に何がやりとりされているのかを把握している人がほとんどいなかったといわれています（ジェリー・Z・ミュラー『測りすぎ――なぜパフォーマンス評価は失敗するのか？』）。こうした金融危機が再び起きれば、寄付のインパクトを一瞬でかき消してしまうようなネガティブな影響が、貧困国にもたらされるでしょう。

また、寄付を行うことと、それが寄付の宛先であるはずの人々を幸せにするかどうかは、別問題です。

ネパール、チベット、メキシコ、アフリカなどで移動診療等の活動を行ってきた人類学者で禅僧のジョアン・ハリファックスは、『Compassion（コンパッション）――状況にのみこまれずに、本当に必要な変容を導く、「共にいる」力』のなかで、国際援助団体は、支援プログラムが現地に与える影響を十分に調査していないという問題を指摘しています。人道支援として拠出された数百万ドルが国庫に入ったまま、政治的混乱に巻き込まれて使われていなかったり、支援物資が空港に放置されて留め置かれていたりするのです。

ハリファックスは、「真の利他性は、魚の釣り方を教えること」だと言います。魚を分け与えても、放っておけばすぐにまた空腹になってしまう。それでは利他にはならず、悪しき依存を生み出すだけです。貧困国の支援においても、多額の資金を投入し、アメリカの建設請負業者を現地に入れて開発させれば、短期間で病院も家屋も寺院も建つかもしれない。けれども、それでは意味がないのです。地元の労働者といっしょに、地元のリーダーの手によって、生活の再建が進むことが重要なのだ、とハリファックスは言います。

▼数値化によって消える利他の感情

数値化と利他の関係については、心理学や経済学の分野でも、さまざまな興味深い報告がなされています。

サミュエル・ボウルズの著書『モラル・エコノミー――インセンティブか善き市民か』に出てくる有名な例で、「六つの託児所」という話をご紹介しましょう。

あるとき、イスラエルの六つの託児所で、子どものお迎えにくるのが遅れた親たちに、罰金が課されることになりました。託児所としては、親たちに時間どおりに迎えにきてほしかったのです。ところが罰金制を導入したところ、かえって遅刻する親が増えてしまいました。

ここで何が起きたかというと、親たちのあいだで、「託児所のことを思って、時間どおりにお迎えに行こう」と考える利他的な感情が消えたということです。むしろ、罰金さえ支払えば、予定されていた時間よりも遅れていいいんだ、自分たちの都合のいいように行動してかまわないんだ、と考える親が増えた。託児所は、親の利他的な行動を期待して罰金の制度を導入したのですが、実際にはその狙いとはまったく逆の効果を引き起こしてしまったのです。

また、別の例としては、ボストンの消防署の話があげられます。ここでは、月曜日と金曜日に欠勤する消防士が多いことが問題となりました。そこで管理職の人たちは、「病欠は一五日までとする」という制限を設け、これを超えた場合は減給にするという制度をつくります。すると、クリスマスと元日の病欠連絡が、前年の一〇倍になってしまった。数字で管理されることを侮辱的と感じた消防士たちが、欠勤を増やす結果となってしまったのです。

この制度がつくられる以前は、現場のために行動するというひとりひとりの倫理規範がありました。ところが、そこに数字による管理が入ってきたとき、この職場は倫理的・感情的なつながりでは回っていないんだ、とスタンダードが変わってしまった。そうなったことで、結局いちばん大事な消防士としての倫理が急速に消失してしまったというのです。

さらに、もうひとつの例をあげましょう。これは私自身が実感したことです。ある時期、子どもにお手伝いをさせるために、「お風呂掃除をしたら五〇円」「片付けをしたら一〇〇円」といった具合に、報酬制のお小遣いを渡すようにしていました。いわば、利他のためのインセンティブです。

すると、最初の数日はどんどんお手伝いをして、どんどんお金を儲けていくのですが、三日ほどでその情熱が冷めてしまったのです。お金が欲しくなくなると同時に、お手伝いをしなくなってしまった。

ところが、それからしばらく経ち、コロナ禍で学校がおやすみになったとき、頼んでもいないのにどんどんお手伝いをするようになったのです。今度は、何の金銭的見返りもありません。なかでも、週に一回、夕食をつくってくれるようになったのは大きな変化でした。

インセンティブや罰が、利他という個人の内面の問題を数字にすり替えてしまい、利他から離れる方向へと人を導いてしまう。ここにあるのは、内発性と外側からの制度の対立という問題です。

▼数値化と説明責任

もちろん、現状を把握するために数値化は重要な作業です。問題は、活用の仕方を誤ると、数字が目的化し、人がそれに縛られてしまうことです。人が数字に縛られるとき、その行為からは利他が抜け落ちていきます。

現代は、さまざまな業績が数字で測られる時代になっています。取りつけた契約の件数やページビューの数、研究者であれば論文の数やその被引用数など、私たちは常に「数字を意識しながら」生活するようになっています。

ジェリー・Z・ミュラーの『測りすぎ』は、そんな数字による評価の行きすぎがもたらす弊害について論じた本です。数値化そのものが悪というわけではありませんが、それが目的化すると、人は「数合わせ」さえするようになってしまいます。

たとえば、アメリカで二〇〇二年に施行された「落ちこぼれ防止法（NCLB）」の話が紹介されています。その目的は、その名のとおり、生徒間の学力格差をなくすこと。これにもとづいて、全国の小中学校で学力を測定するための共通テストが行われるようになりました。

ところが、このテストのスコアは同時に、教師や校長の昇給を左右するインセンティブにもなっていました。結果として起こったのは、授業時間を共通テストのある数学と英語ばかりに費やし、歴史や社会、美術、体育、音楽といった科目をおろそかにする、教育内容の歪（ゆが）みでした。しかも、その数学と英語もテスト対策的な内容が中心になり、長文を読んだり長い作文を書いたりするのが苦手な生徒が増えてしまったのです。

さらに、テキサスとフロリダでは、調査の結果、こんな実態が明らかになりました。その学校では、学力の低い生徒を「障害者」にカテゴライズすることにしたのです。そうすることで、彼らを評価対象から排除し、全体の平均点があがるようにしたのです。数字のために、「落ちこぼれをなくす」という本来の利他的な目的が歪められています。

「数字が人をみえなくする」怖さは、私も身を以（もっ）て体験したことがあります。

それは、出産をしたときです。出産直後、私は産院から授乳量の「ノルマ」を言い渡されました。「70×（生後日数－1）㎖」という計算式にしたがって、毎日授乳量を算出し、それを目安に授乳せよと言われたのです。

まだ新米ほやほやで勝手が分からなかった私は、必死にその目標値を満たそうと頑張りました。ところが、赤ん坊はロボットではありませんから、決められた量のとおりに飲んではくれません。そのことで、私はずいぶん焦ってしまったのですが、しばらくして、当たり前の事実に気がつきました。誰だってお腹（なか）がいっぱいのときと、そうでないときがあります。生まれたての赤ちゃんだって、飲みたいときと、飲みたくないときがある。

それからは、赤ん坊が空腹かどうか、飲みたいかどうかに意識を向けるようになりました。そうすると赤ん坊が出してくる微弱な「サイン」を読み取れるようになり、ようやく授乳がうまくいくようになりました。

分かったのは、授乳は赤ん坊との共同作業だということでした。いくらこちらが飲ませようとしても、むこうにその気がなければ絶対に飲んではくれません。私は数字のほうばかりを気にして、赤ん坊の気持ちにまったく意識が向いていなかったのです。

▼ブルシット・ジョブ

こうしたことが、実はさまざまな場面で起こっているのではないかと思います。

人類学者のデヴィッド・グレーバーは『ブルシット・ジョブ――クソどうでもいい仕事の理論』で、数値化が仕事にもたらす影響を、「ブルシット化」という強烈な言葉で分析しています。「ブルシット」とは、副題にあるとおり「クソどうでもいい」ということ。いま、世界的に「クソどうでもいい仕事＝ブルシット・ジョブ」が増えていると言うのです。

注意しなければならないのは、「ブルシット・ジョブ」は「シット・ジョブ＝クソ仕事」とは違う、ということです。「シット・ジョブ」とは、割に合わない仕事のこと。社会的に必要な仕事で、誰かがやらなければならないにもかかわらず、不潔であったり、危険と隣り合わせであったりして、それゆえに蔑まれ、給与面では冷遇されている。しばしば日雇いで、あるいは時給制で給与が払われる、典型的なブルーカラー。これがシット・ジョブです。

これに対して、ブルシット・ジョブの多くはホワイトカラーで、仕事に見合わないほど高給取りです。グレーバーは、その内実をこう定義します。

> ブルシット・ジョブとは、被雇用者本人でさえ、その存在を正当化しがたいほど、完璧に無意味で、不必要で、有害でもある有償の雇用の形態である。とはいえ、その雇用条件の一環として、本人は、そうではないと取り繕わなければならないように感じている。
>
> （『ブルシット・ジョブ』）

つまり、ブルシット・ジョブとは、実際には「完璧に無意味で、不必要で、有害」なのに、あたかも「意味があって、必要で、有用」であるかのように振る舞わなければいけない雇用形態のことです。なくても済むのに部下を監督するマネージャー職。リクエストを担当者に回すだけのコーディネーター職。グレーバーの本には、世界中から寄せられた「自分の仕事をブルシットだと感じている人」からの報告があふれています。

新型コロナウイルスは、私たちの仕事のあり方に大きな問いを投げかけました。医療従事者や物流業者といった、生活を支える「エッセンシャルワーカー」に光が当たる一方、在宅勤務を始めた人のなかには、これまで当たり前のようにやってきた業務のなかにも、必要なものとそうでないものがあることを自覚した人が多かったのではないかと思います。

その象徴が「はんこ」でした。書類をもらいに行ったらその書類をもらうためには上司のはんこが必要で、となるとはんこをもらうために別の書類を用意しなければならず、それを取りに行くために交通費の申請書が必要で……。少なくない人がこうした「書類の不条理」を経験したことがあるのではないでしょうか。

はんこは日本のひとつの文化ではありますが、それによって手続きが理不尽なほど煩雑化し、さまざまな業務の障壁になってきたことも事実です。紙に出力することになるので、環境にも不必要な負荷がかかります。雇用形態そのものではありませんが、はんこは、私たちの身の回りにある典型的なブルシット的業務です。この点に関して見直しが進んだことは、コロナが仕事にもたらしたポジティブな効果ということができます。

▼管理部門の肥大化

では、いったいなぜ、ブルシット・ジョブが世界的に増えているのでしょうか。グレーバーは、その根本的な原因として、数値化できないものを数値化しようとする欲望と、その背後にある管理への欲望をあげます。

> わたしのいいたいのは、実質のある仕事（リアル・ジョブ）のブルシット化の大部分、そしてブルシット部門がより大きく膨張している理由の大部分は、数量化しえないものを数量化しようとする欲望の直接的な帰結だということである。はっきりいえば、自動化は特定の作業をより効率的にするが、同時に別の作業の効率を**下げる**のである。　　（同前）

『測りすぎ』でミュラーが指摘したとおり、私たちはあらゆる労働が数値によって評価される時代を生きています。その指標が本当にその労働を正しく評価しているのかどうかは、分からない。ひとまず数値化しやすいものが数値化され、それを最大化するために働く、という逆転現象が起きています。そうすることによって、「客観的」にみえる指標にもとづいて生産性を判断し、管理することができるようになるからです。

グレーバーは、一九七〇年代から、労働者の給料が生産性の向上に見合ったあがり方をしていないことに注目します。それまでは、生産性があがれば、賃金はそれに連動して増えていました。ところが七〇年代から、生産性があがっても賃金があがらなくなるのです。なぜか。生産性があがった分から得られた利益が、給料を増やすためではなく、管理職やそれに付随する事務職を増やすことに使われたのです。ブルシット化しているのは、この「管理すること」を目的としてつくられた層なのです。

これは大変皮肉なことです。企業は利益を最大化することを目指していますから、市場の競争原理に任せれば、あらゆることが合理化すると考えられてきました。管理部門も、本来、競争に勝つために設置されたはずです。

ところが実際には、管理部門が現場とは異なる価値観で介入を行うことによって現場に混乱をもたらすケースが報告されている。また、管理部門で働いている人たちのなかにも、自分の仕事を意味がないと感じるような人が出てきたりしている。これでは、当初の狙いとはまったく逆の状況です。

▼他者のコントロール

特定の目的に向けて他者をコントロールすること。私は、これが利他の最大の敵なのではないかと思っています。

冒頭で、私は「利他ぎらい」から研究を出発したとお話ししました。なぜそこまで利他に警戒心を抱いていたのかというと、これまでの研究のなかで、他者のために何かよいことをしようとする思いが、しばしば、その他者をコントロールし、支配することにつながると感じていたからです。善意が、むしろ壁になるのです。

たとえば、全盲になって一〇年以上になる西島玲那さんは、一九歳のときに失明して以来、自分の生活が「毎日はとバスツアーに乗っている感じ」になってしまったと話します。「ここはコンビニですよ」。「ちょっと段差がありますよ」。どこに出かけるにも、周りにいる晴眼者が、まるでバスガイドのように、言葉でことこまかに教えてくれます。それはたしかにありがたいのですが、すべてを先回りして言葉にされてしまうと、自分の聴覚や触覚を使って自分なりに世界を感じることができなくなってしまいます。たまに出かける観光だったら人に説明してもらうのもいいかもしれない。けれど、それが毎日だったらどうでしょう。

「障害者を演じなきゃいけない窮屈さがある」と彼女は言います。晴眼者が障害のある人を助けたいという思いそのものは、すばらしいものです。けれども、それがしばしば「善意の押しつけ」という形をとってしまう。障害者が、健常者の思う「正義」を実行するための道具にさせられてしまうのです。

若年性アルツハイマー型認知症当事者の丹野智文さんも、私によるインタビューのなかで、同じようなことを話しています。

　助けてって言ってないのに助ける人が多いから、イライラするんじゃないかな。家族の会に行っても、家族が当事者のお弁当を持ってきてあげて、ふたを開けてあげて、割り箸を割って、はい食べなさい、というのが当たり前だからね。「それ、おかしくない？　できるのになぜそこまでするの？」って聞いたら、「やさしいからでしょ」って。「でもこれは本人の自立を奪ってない？」って言ったら、一回怒られたよ。でもぼくは言い続けるよ。だってこれをずっとやられたら、本人はどんどんできなくなっちゃう。

認知症の当事者が怒りっぽいのは、周りの人が助けすぎるからなんじゃないか、と丹野さんは言います。何かを自分でやろうと思うと、先回りしてぱっとサポートが入る。お弁当を食べるときにも、割り箸をぱっと割ってくれるといったように、やってくれることがむしろ本人たちの自立を奪っている。病気になったことで失敗が許されなくなり、挑戦ができなくなり、自己肯定感が下がっていく。丹野さんは、周りの人のやさしさが、当事者を追い込んでいると言います。

▼信頼と安心

ここに圧倒的に欠けているのは、他者に対する信頼です。目が見えなかったり、認知症があったりと、自分と違う世界を生きている人に対して、その力を信じ、任せること。やさしさからつい先回りしてしまうのは、その人を信じていないことの裏返しだともいえます。

社会心理学が専門の山岸俊男は、信頼と安心はまったく別のものだと論じています。どちらも似た言葉のように思えますが、ある一点において、ふたつはまったく逆のベクトルを向いているのです。
その一点とは「不確実性」に開かれているか、閉じているか。山岸は『安心社会から信頼社会へ』のなかで、その違いをこんなふうに語っています。

信頼は、社会的不確実性が存在しているにもかかわらず、相手の（自分に対する感情までも含めた意味での）人間性のゆえに、相手が自分に対してひどい行動はとらないだろうと考えることです。これに対して安心は、そもそものような社会的不確実性が存在していないと感じることを意味します。

安心は、相手が想定外の行動をとる可能性を意識していない状態です。要するに、相手の行動が自分のコントロール下に置かれていると感じている。
それに対して、信頼とは、相手が想定外の行動をとるかもしれないこと、それによって自分が不利益を被るかもしれないことを前提としています。つまり「社会的不確実性」が存在する。にもかかわらず、それでもなお、相手はひどい行動をとらないだろうと信じること。これが信頼です。

つまり信頼するとき、人は相手の自律性を尊重し、支配するのではなくゆだねているのです。これがないと、ついつい自分の価値観を押しつけてしまい、結果的に相手のためにならない、というすれ違いが起こる。相手の力を信じることは、利他にとって絶対的に必要なことです。

私が出産直後に数字ばかり気にしてしまい、うまく授乳できなかったのも、赤ん坊の力を信じられていなかったからです。

もちろん、安心の追求は重要です。問題は、安心の追求には終わりがないことです。一〇〇%の安心はありえない。

信頼はリスクを意識しているのに大丈夫だと思う点で、不合理な感情だと思われるかもしれません。しかし、この安心の終わりのなさを考えるならば、むしろ、「ここから先は人を信じよう」という判断をしたほうが、合理的であるということができます。

▼利他の大原則

利他的な行動には、本質的に、「これをしてあげたら相手にとって利になるだろう」という、「私の思い」が含まれています。

重要なのは、それが「私の思い」でしかないことです。

思いは思い込みです。そう願うことは自由ですが、相手が実際に同じように思っているかどうかは分からない。「これをしてあげたら相手にとって利になるだろう」が「これをしてあげるんだから相手は喜ぶはずだ」に変わり、さらには「相手は喜ぶべきだ」になるとき、利他の心は、容易に相手を支配することにつながってしまいます。

つまり、利他の大原則は、「自分の行為の結果はコントロールできない」ということなのではないかと思います。やってみて、相手が実際にどう思うかは分からない。分からないけど、それでもやってみる。この不確実性を意識していない利他は、押しつけであり、ひどい場合には暴力になります。

「自分の行為の結果はコントロールできない」とは、別の言い方をすれば、「見返りは期待できない」ということです。「自分がこれをしてあげるんだから相手は喜ぶはずだ」という押しつけが始まるとき、人は利他を自己犠牲ととらえており、その見返りを相手に求めていることになります。

私たちのなかにもつい芽生えてしまいがちな、見返りを求める心。先述のハリファックスは、警鐘を鳴らします。「自分自身を、他者を助け問題を解決する救済者と見なすと、気づかぬうちに権力志向、うぬぼれ、自己陶酔へと傾きかねません」（『Compassion』）。

アタリの言う合理的利他主義や、「情けは人のためならず」の発想は、他人に利することがめぐりめぐって自分にかえってくると考える点で、他者の支配につながる危険をはらんでいます。ポイントはおそらく、「めぐりめぐって」というところでしょう。めぐりめぐっていく過程で、私の「思い」が「予測できなさ」に吸収されるならば、むしろそれは他者を支配しないための想像力を用意してくれているようにも思います。

▼コロナ禍のなかでの相互扶助

どうなるか分からないけど、それでもやってみる。ブレイディみかこは、コロナ禍の英国ブライトンで彼女が目にした光景について語っています（ブレイディみかこ×栗原康「コロナ禍と〝クソどうでもいい仕事〟について」、「文學界」二〇二〇年一〇月号）。

ブレイディによれば、町がロックダウンしているさなか、一人暮らしのお年寄りや自主隔離に入った人に食料品を届けるネットワークをつくるために、自分の連絡先を書いた手づくりのチラシを自宅の壁に貼ったり、隣人のポストに入れて回ったりしていた人がいたそうです。普通ならば「個人情報が悪用されるのではないか」などと警戒するところですが、そうではなく、とりあえずできることをやろうと動き出した人がいた。

ブレイディは、これは一種のアナキズムだと言います。アナキズムというと一切合切破壊するというイメージがありますが、政府などの上からのコントロールが働いていない状況下で、相互扶助のために立ち上がるという側面もある。コロナ禍において、とりあえず自分にできることをしようと立ち上がった人は、日本においても多かったように思います。

レベッカ・ソルニットの「災害ユートピア」という言葉があります。これは、地震や洪水など危機に見舞われた状況のなかで、人々が利己的になるどころか、むしろ見知らぬ人のために行動するユートピア的な状況を指した言葉です。

このようなことが起こるひとつのポイントは、非常時の混乱した状況のなかで、平常時のシステムが機能不全になり、さらに状況が刻々と変化するなかで、自分の行為の結果が予測できなくなることにあるのではないかと思います。どうなるか分からないけど、それでもやってみる。混乱のなかでこそ純粋な利他が生まれるようにみえる背景には、この「読めなさ」がありそうです。

他方で平常時は、こうした災害時に比べると、行為の結果が予測しやすいものになります。少なくとも、平時の私たちは、自分の行為の結果は予測できるという前提で生きています。

▼ケアすることとしての利他

でも、だからこそ「こうだろう」が「こうであるはずだ」に変わりやすい。実際には相手は別のことを思っているかもしれないし、いまは相手のためになっていても、一〇年後、二〇年後にはそうではないかもしれない。

にもかかわらず、どうしても私たちは「予測できる」という前提で相手と関わってしまいがちです。「思い」が「支配」になりやすいのです。利他的な行動をとるときには、とくにそのことに気をつける必要があります。

そのためにできることは、相手の言葉や反応に対して、真摯に耳を傾け、「聞く」こと以外にないでしょう。知ったつもりにならないこと。自分との違いを意識すること。利他とは、私たちが思うよりも、もっとずっと受け身なことなのかもしれません。

さきほど、信頼は、相手が想定外の行動をとるかもしれないという前提に立っている、と指摘しました。「聞く」とは、この想定できていなかった相手の行動が秘めている、積極的な可能性を引き出すことでもあります。「思っていたのと違った」ではなく「そんなやり方もあるのか」と、むしろこちらの評価軸がずれるような経験。

他者の潜在的な可能性に耳を傾けることである、という意味で、利他の本質は他者をケアすることなのではないか、と私は考えています。

ただし、この場合のケアとは、必ずしも「介助」や「介護」のような特殊な行為である必要はありません。むしろ、「こちらには見えていない部分がこの人にはあるんだ」という距離と敬意を持って他者を気づかうこと、という意味でのケアです。耳を傾け、そして拾うことです。

ケアが他者への気づかいであるかぎり、そこは必ず、意外性があります。自分の計画どおりに進む利他は押しつけに傾きがちですが、ケアとしての利他は、大小さまざまなよき計画外の出来事へと開かれている。この意味で、よき利他には、必ずこの「他者の発見」があります。

さらに考えを進めてみるならば、よき利他には必ず「自分が変わること」が含まれている、ということになるでしょう。相手と関わる前と関わった後で自分がまったく変わっていなければ、その利他は一方的である可能性が高い。「他者の発見」は「自分の変化」の裏返しにほかなりません。

▼計画倒れをどこか喜ぶ

他者の潜在的可能性に耳を傾け、そして想定外の反応に出会ったときの、「他者を発見した」という感触。「宅老所よりあい」の村瀬孝生さんは、お年寄りたちと関わるなかで、「計画倒れをどこか喜ぶ」態度が重要だと言います。

たとえば「一〇時までに全員入浴」という計画を立てたとします。けれども、それを実行することを優先してしまうと、それがまるで「納期」のようになってしまって、お年寄りを物のように扱うことになる。お年寄りは、そんなビジネスの世界には生きていません。計画を立てないわけではないけれど、計画どおりにいかないことにヒントがあるのだと村瀬さんは言います。

とくに「ぼけ」のあるお年寄りはこちらの計画に全く乗ってくださらないし、それを真面目に乗せようとすればするほど、非常に強い抗(あらが)いを受けます。その抗いが、僕たち支援する側と対等な形で決着すればいいのですが、最終的には僕らが勝ってしまう。下手をするとお年寄りの人格が崩壊するようなことになります。だから計画倒れをどこか喜ぶところがないと。計画が倒れたときに本人が一番イキイキしていることがあるんです。

（伊藤亜紗、村瀬孝生「ぼけと利他（1）」、「みんなのミシマガジン」二〇二〇年八月一三日）

あるいは村瀬さんは、「車に乗ってください」と言っても乗ってくれないお爺さんのことを語っています。家に帰りたいのに、あるいは施設に行きたいのに、車に乗ってくれないお爺さん。

ところがそのお爺さんは、「そろそろ船が出ますよ」と言うと乗ってくれることが分かったのだそうです。お爺さんは太平洋戦争の敗北を北朝鮮で迎えた方だそうです。すでにソ連軍の支配下にあった港には、日本の船が邦人救出のために寄港することができませんでした。当時、若かりしお爺さんは同朋と闇舟を手配して命からがら脱出してきたのだそうです。

▼うつわ的利他

利他についてこのように考えていくと、ひとつのイメージがうかびます。それは、利他とは「うつわ」のようなものではないか、ということです。相手のために何かをしているときであっても、自分で立てた計画に固執せず、常に相手が入り込めるような余白を持っていること。それは同時に、自分が変わる可能性としての余白でもあるでしょう。この何もない余白が利他であるとするならば、それはまさにさまざまな料理や品物をうけとめ、その可能性を引き出すうつわのようです。

哲学者の鷲田清一(わしだきよかず)は、患者の話をただ聞くだけで、解釈を行わない治療法を例にあげて、ケアというのは、「なんのために?」という問いが失効するところでなされるものだ、と主張しています。他者を意味の外につれだして、目的も必要もないところで、ただ相手を「享(う)ける」ことがケアなのだ、と言うのです。

> 他人へのケアというういとなみは、まさにこのように意味の外でおこなわれるものであるはずだ。ある効果を求めてなされるのではなく、「なんのために?」という問い

が失効するところで、ケアはなされる。こういうひとだから、あるいはこういう目的や必要があって、といった条件つきで世話をしてもらうのではなくて、条件なしに、あなたがいるからという、ただそれだけの理由で享ける世話、それがケアなのではないだろうか。

（『「聴く」ことの力』）

つくり手の思いが過剰にあらわれているうつわほど、まずいものはありません。特定の目的や必要があらかじめ決められているケアが「押しつけの利他」でしかないように、条件にあったものしか「享け」ないものは、うつわではない。「いる」が肯定されるためには、その条件から外れるものを否定しない、意味から自由な余白が、スペースが必要です。

▼余白をつくる

こうした余白、スペースは、とくに複数の人の「いる」、つまり「ともにいる」を叶（かな）える場面で、重要な意味を持つでしょう。

たとえば、会議の場面。もしそこで、事前に決められた役割とアジェンダにそった発言しか許されないとしたら、その組織は想定外の可能性を受け付けない、硬直した組織ということになるでしょう。管理はされているかもしれませんが、人は活きてきません。

一方、私が先日ある方から聞いた組織のあり方は違っていました。その方は、農場と宿泊施設とレストランが一体となった施設を運営されているのですが、その施設をつくる際、内装のデザインをお願いしていた人が、たまたま料理についても非常によいアイディアを持っていることに気がつきました。そこで、その内装デザイナーも、レストランのメニュー開発のチームに加えたのだそうです。

内装デザイナーが料理についてのよいアイディアを持っていることが分かったのは、おそらく厳格な会議の議事進行のなかではなく、ふいの雑談のような場であったでしょう。当初の計画とは違っていても、よい芽があれば、その可能性をきちんとケアする。こうしたことは、この組織に、計画外を受け入れる「余白」があったからこそできたことでしょう。ここは人に対する確かな信頼があります。

ブルシット・ジョブについて指摘したグレーバーは、あらゆる人間的な仕事は本質的にはケアリングであると指摘しています。川に橋をかけるのは、そこを渡りたいと思う人をケアするためでしょう。改札が自動化しても駅員が待機しているのは、重い荷物を持った人やその土地に不案内な観光客をケアするためでしょう。

ところが、人々が数字のために働き、組織が複雑化して余白を失っていくにつれて、仕事からケアが失われていきます。「仕事のケアリング的な価値が、労働のなかでも数量化しえない要素であるようにみえる」(『ブルシット・ジョブ』)からです。その先にあるのは、自分がなんのために働いているのか、利他の宛先のない、虚しい労働でしょう。仕事は、ただ生活の糧を得るためだけの手段になってしまうでしょう。

▼利他の「他」は誰か

さて、ここまで「利他」という問題について、さまざまな論者の考えや具体的な事例に即して考えてきました。そのなかで、利他とは、「聞くこと」を通じて、相手の隠れた可能性を引き出すことである、と同時に自分が変わることである、というポイントがみえてきました。そして、そのためには、こちらから善意を押しつけるのではなく、むしろうつわのように「余白」を持つことが必要である、ということも分かってきました。

最後に確認しておきたいのは、利他というときの「他」は人間に限られるべきではない、ということです。人間の経済活動の結果起こった環境破壊が深刻になっているいま、私たちは、人間以外の生物や自然そのものに対するケアのことを考えなくてはなりません。

スナウラ・テイラーは、『荷を引く獣たち——動物の解放と障害者の解放』のなかで、種を超えたケアについて語っています。これまで語る声を持たないとされてきた犬や鳥や牛が、実はその振る舞いを通して多くのことを語っていること。人間はむしろ、そうした声に意図的に注意を払わず、つまりケアすることをしないで、しばしば彼らを劣悪な環境に置き、搾取してきたではないか。そう厳しく糾弾します。

テイラーの主張の根本にあるのは、自然は人間が思うよりずっと相互扶助的なものだ、ということです。これは、私自身、理工系の研究者と話していて、目を開かされた点でもあります。ノーベル生理学・医学賞を受賞した大隅(おおすみ)良典先生も、こう語っていました。「生物学の世界において、種を保存するために『利他』ということは、当たり前のこととしてたくさんあるんじゃないかな、という気がします」(大隅良典、中島岳志、伊藤亜紗「ノーベル賞学者と考える、これからの社会に必要な『利他』の視点」、「現代ビジネス」二〇二〇年四月五日)。

もちろん、自然の世界には競争もあります。けれども、すべての生物は、合成と分解のプロセスを通じて、互いにエネルギーや物質を与えたり受け取ったりしながら、相互に依存しつつ生きています。

一七世紀の哲学者トマス・ホッブズは、人間の自然状態を「万人の万人に対する闘争」と言いました。しかし本当にそうなのか。あまりに競争の側面にばかり気をとられてきたこれまでの人間のあり方を利他的なものにしていくためには、自然に対するとらえ方から考えなおしていかなければいけないのかもしれません。

第二章　利他はどこからやってくるのか

中島岳志

中島岳志（なかじま　たけし）

一九七五年、大阪府生まれ。政治学者。東京工業大学科学技術創成研究院未来の人類研究センター及びリベラルアーツ研究教育院教授。京都大学大学院アジア・アフリカ地域研究研究科博士課程修了。博士（地域研究）。専門は近代日本政治思想史、南アジア地域研究。主な著作に『中村屋のボース――インド独立運動と近代日本のアジア主義』（白水社、大佛次郎論壇賞、アジア・太平洋賞大賞）、『血盟団事件』（文藝春秋）、『保守と大東亜戦争』（集英社新書）など。

▼「小僧の神様」と利他

志賀直哉の「小僧の神様」という小説を読んだことはありますでしょうか。この小説のテーマは利他という問題と深く関わっています。発表は、日本がスペイン風邪第二波に直面していた一九二〇年一月。一〇〇年前のパンデミックのさなかに、志賀直哉は利他の問題を考えていたのです。

この作品では、秤屋さんで働いている小僧の仙吉が、お使いの帰り道で寿司の屋台を目にし、どうしても寿司を食べたいという、抑えがたい衝動にかられます。勇気を奮って、屋台に入り、目の前の台に置かれているマグロの寿司を食べようと、慣れたふうな手つきでふっとつかみます。しかし、つかんだ瞬間に主人から「一つ六銭だよ」と言われる。ポケットには四銭しか入っていません。仙吉は、つかんだマグロの寿司をまた台の上にかえし、すぐに屋台を出ていったのです。

その状況をちょうど屋台で見ていたのが、若い貴族院議員のAです。Aは、仙吉の様子について、別の日に友人のBとこんな会話をします。

「何だか可哀想だった。どうかしてやりたいような気がしたよ」といった。

「御馳走してやればいいのに。いくらでも、食えるだけ食わせてやるといったら、さぞ喜んだろう」

「小僧は喜んだろうが、こっちが冷汗ものだ」

「冷汗？　つまり勇気がないんだ」

「勇気かどうか知らないが、ともかくそういう勇気はちょっと出せない。直ぐ一緒に出て他所で御馳走するなら、まだやれるかも知れないが」

（『小僧の神様　他十篇』）


　Aは、このとき勇気が出ずにとっさの行動が起こせなかった。けれども、非常に強い同情心が湧き、どうにかしてやりたいというふうに思った、ということをBに語っているわけです。

　そして後日、Aが体量秤を求めて秤屋に行ってみると、偶然、小僧として働かされている仙吉に再会します。仙吉のほうはAを認識していませんが、Aは、このあいだ奢ってやれなかったから今日はご馳走してやろう、と考えます。

　秤を運搬用の台車に載せて仙吉に運ばせ、人力車に載せかえたところで、Aは「お前も御苦労。お前には何か御馳走してあげたいからその辺まで一緒においで」と言って、そこから少し離れた横町の小さな寿司屋につれて行きます。

寿司屋の前で仙吉を待たせ、Aはひとりでお店に入っていき、店の人にポンと金を渡して、店の外に出る。そして仙吉に、私は先に帰るから、ここで寿司をたらふく食べておいでと伝えます。仙吉は店に入り、本当にお腹いっぱい、三人前の寿司を食べて、そして恥ずかしそうに店の人に礼をして帰りました。

▼「変に淋しい、いやな気持」

この後、Aはこれであのときの思いを果たせてほっとするかというと、むしろ逆の気持ちが湧き上がってきます。名前が仙吉にばれないように、店の台帳には偽名を書き込み、議員として施したのではないという体裁も整えたのにです。

ここで志賀直哉は、「変に淋しい気持」とAの心情を表現しています。

Aは変に淋しい気がした。自分は先の日小僧の気の毒な様子を見て、心から同情した。そして、出来る事なら、こうもしてやりたいと考えていた事を今日は偶然の機会

> から遂行出来たのである。小僧も満足し、自分も満足していいはずだ。人を喜ばす事は悪い事ではない。自分は当然、ある喜びを感じていいわけだ。ところが、どうだろう、この変に淋しい、いやな気持は。何故だろう。何から来るのだろう。丁度それは人知れず悪い事をした後の気持に似通っている。
>
> もしかしたら、自分のした事が善事だという変な意識があって、それを本統の心から批判され、裏切られ、嘲られているのが、こうした淋しい感じで感ぜられるのかしら？
>
> （同前）

最後は疑問符で終わっています。そして彼がこの気持ちを妻に打ち明けると、妻も、そのなんとも落ち着かない気持ちが分かると言うのです。Aは、小僧の仙吉に何とかしてあげたいと思って、贈与という利他的な行為をした。しかしその贈与によって、逆に非常にいやな気持ちに苛まれるようになった。

いくら尊厳を持って行った慈悲であっても、その行為が行われた後に「いやな気持」が行為者に残る。ここに、利他や贈与の謎の核心が表現されています。

一方、仙吉は、Aの存在について非常に不思議な気持ちになって、次第に神様、あるいはお稲荷さんがやってくれた行為かもしれないと思い始めます。そして、この小説でいちばんよく議論されるのは最後のシーンです。志賀直哉は、この小説をすごく変な終わらせ方をします。最後のところで仙吉は、いつかまたあのお客さんが来てくれないかな、困ったときに自分の前に神様のようにあらわれてくれたらいいのに、と思うのですが、ここでふっと変な視点が入ります。

> 作者は此処で筆を擱く事にする。実は小僧が「あの客」の本体を確めたい要求から、番頭に番地と名前を教えてもらって其処を尋ねて行く事を書こうと思った。小僧は其処へ行って見た。ところが、その番地には人の住いがなくて、小さい稲荷の祠があった。小僧は吃驚した。——とこういう風に書こうと思った。しかしそう書く事は小僧に対し少し残酷な気がして来た。それ故作者は前の所で擱筆する事にした。（同前）

なぜ志賀直哉はこんなシーンを最後に入れたのか。Aは出鱈目の番地と名前を伝えてある。仙吉がどうしてもその正体を知りたくてそこへ行ってみると、お稲荷さんがある。このようにして仙吉に、やっぱり神様なんだ、と思わせるのは、仙吉に対して非常に気の毒な気がしたのでここで筆をおくことにした、と書いています。ここにも非常におもしろいテーマがあると思います。

単純に贈与をすれば、利他なのか。果たして利他とはいったい何なのか。利他の典型ともいえる贈与にはどのような困難が伴うのか。ここには、一筋縄ではいかない深い問題が横たわっています。

コロナ危機のなかで、「利他」や「贈与」に関心が集まっています。たとえば、ちょっとした感謝を伝える手段として「eギフト」に注目が集まりました。相手に直接会わず、郵便や宅配便も使わずに、スマホでできるちょっとしたギフトです。「eギフト」は若者を中心に、コロナ危機前の約五倍に規模を拡大しました。読者の方にも、これまで大切にしてきた店を守りたいと考えて、クラウドファンディングなどに参加した人も多くいるのではないでしょうか。「利他」は、まさにこの現代で取り組むべき問題だと考えています。

▼「贈与」の持つ残酷さ

志賀直哉の「小僧の神様」は、チェーホフの「かき」をモチーフにしているといわれることがあります。チェーホフの「かき」は非常に短い小説です。

舞台はモスクワです。小雨模様の秋の夕暮れに、五ヵ月間仕事を探しても見つからず、路上で物乞いをするしかなくなった父親とその子どもが登場します。この小説は、慣れない物乞いをし始める父親を端から見ている少年の視点から書かれています。

その目つきから、ぼくは父が通行人に何か話しかけようとしているのがわかる。『どうぞ、おめぐみを』というつらい言葉は、重い分銅のように、父のふるえるくちびるにひっかかって、どうしてもとびださない。（「かき」『カシタンカ・ねむい　他七篇』）

お父さんは「どうぞ、おめぐみを」と言おうとしているけれども、なかなか気持ちが重くて物乞いができない。しかし、もう金はない。五ヵ月仕事が見つかっていない。そして、その子どもが父のかたわらにいるわけです。

子どもはじっと物乞いをしている父の横に立ちながら、そのとき真向かいにある飲食店の店頭に「かき」という文字を見つけます。少年は「かき」が分からないので、いったいどのような物なのか、父親に一所懸命に訊（たず）ねます。父は、「そういう生きものだよ。……海にいるな……」と、一応教えてやる。

することと、腹ぺこの少年は、かきの料理というものを想像し始めます。そして、「かきのことを考えると、ぼくはぶるぶるふるえてくる。が、ぼくは食べたい！　食べずにはいられない！」と父にせがみ始めるのです。

そして今度は、通りの人たちに向かって、「かきをおくれよ！」と叫び声をあげ、両手を前へ差し出します。つまり、お父さんにかきを食べたいと言っても無理なので、通りの人たちに「かきをおくれよ！」と懇願するわけです。

その後のシーンを引用してみましょう。


ぼくたちのまん前に、山高帽をかぶったふたりの紳士が立って、笑いながらぼくの顔をのぞきこむ。

「おい、ちび公、おまえがかきを食うのかね？　ほんとかい？　こりゃおもしろい！おまえの食べっぷりを拝見しようかね！」

だれかのがっしりした手が、ぼくをあかあかと明かりのともった飲食店へ引っぱって行ったのを、ぼくはおぼえている。すぐに、おおぜいの人が、ぼくのまわりに集まって、さもものめずらしそうに笑いざわめきながら、ぼくを見守る。ぼくは、テーブルにすわって、なにやらすべすべしてしおからい、水っぽくてかびくさいものを食べ始める。自分が、何を食べているか、見ようともしなければ、知ろうともしないで、ぼくはかまずにがつがつ食べる。目をあけたがさいご、きっとぎらぎら光る目玉や、はさみや、とがった歯が見えるにちがいない——そんな気がするのだ。……
ぼくは、ふいに、何かかたいものをかみ始める。がりがり、と音がする。
「ははは！　この子は、からまで食うぜ！」と、みんなが笑う。「ばかめ、そんなものが食えるかい！」

（同前）

ここに、「贈与」というものが持つ非常に残酷な問題が明確に示されています。かきを欲しがる少年に、じゃあ食べろよと言って哀れみ、そしてみんなでその子どもを笑い物にする。そういうシーンが非常に冷徹かつ残酷に書きつけられているのが、チェーホフのこの小説です。

このシーンから分かるのは、「贈与」のなかに、支配と絡まってくる問題が含まれているということです。インド独立の父・ガンディーはこの問題に非常に繊細で、どんな者に対しても、何千もの人が見ているなかで食物を与えてはならない、つまり、慈悲とは尊厳という問題と絶対にペアでなければ成立しないものである、と言っています。

しかし、尊厳を持って行った慈悲にもまた困難な問題が伴います。「小僧の神様」で描かれていたのと同じです。尊厳を持って行った慈悲であっても、その後に「いやな気持」が行為者には残り、苛まれます。

これは、「ピティー（pity）」（哀れみ）という問題に関わりがあると思います。哀れみによって利他的な行為をすると、その対象に対して一種の支配的な立場が生まれてしまうのです。

こうした残酷で支配的な「ピティー（pity）」に対して、「コンパッション（compassion）」という言葉があります。「ピティー（pity）」と同じく、哀れみと翻訳されることもありますが、もっと慈愛という要素の強い言葉です。「ピティー（pity）」ではなく、「コンパッション（compassion）」にもとづく贈与というのは、果たして可能なのでしょうか。

▼マルセル・モースの『贈与論』

こうした利他や贈与の困難性という問題を考えるうえで、マルセル・モースの『贈与論』を避けて通ることはできません。原書は一九二五年、いまから約九五年前に発刊されています。「小僧の神様」とほぼ同時代です。

モースの『贈与論』の特徴は、三つの義務というものによって贈与が成立していることを論じている点です。ひとつめは、贈り物を人に与える義務です。ふたつめは、それを受け取る義務。そして三つめは、それに対してかえす義務です。この三つの義務によって、贈与はシステムとして機動しているとモースは言います。ただしこの三つの義務は、人間の意識的な自発性ではない、とも指摘しています。

続けてモースは、『贈与論』の数年前に出版されているマリノフスキーの議論を参照しながら、クラ交換を提示します。クラ交換とは、パプア・ニューギニアのトロブリアンド諸島などの島と島のあいだで行われている交換のことで、赤い貝の首飾りは時計回りに、白い貝の腕輪は反時計回りに受け渡していくというものです。

彼らは隣の島からもらった赤い貝の首飾り（あるいは白い貝の腕輪）を命がけで次の島に持っていきます。カヌーによる航海は波も荒く大変な危険を伴うのですが、首飾りと腕輪の贈与が時計回りと反時計回りにぐるぐると続いていくのです。

▼クラ交換は超自然的な力の命令

このクラ交換を提示したうえで、モースはこう書いています。

一方の側が与え、他方の側が受け取ることなのであり、ある一時点での受け手が次の機会には与え手となることなのである。

(『贈与論 他二篇』)

つまり、クラ交換では、財が島々を循環し続ける体系そのものを持続することが、社会的な義務となっています。

では、このクラを動かしている力とはいったい何なのか。それは義務を命じる存在であり、超自然的な神や霊からの命令です。

たしかに、マリノフスキーの本を読むと、クラで回ってきた赤い貝の首飾りは、首飾りとしては使用されず、たとえば、病気にかかっている人の患部に押し当てるとその病気が治る、というような霊力を持っているものとして描かれています。

一方で、このクラ交換と同時に行われるギムワリという取引があります。腕輪や首飾りの贈与とは別に、同じカヌーで別の商品も持っていくのです。クラ交換では、相手から何かをもらおうとするような商取引をやってはいけません。それに対して、ギムワリは商取引であり、狡猾（こうかつ）的かつ功利的な商売が行われるのです。

そして、そのギムワリの論理をクラには持ち込んではならない、という厳密なルールがあります。つまり彼らは、一種のマーケットの論理とクラ交換を完全に峻別（しゅんべつ）しているのです。

▼クラ交換は純粋贈与ではない

議論をクラ交換に戻しましょう。モースは、クラ交換をどのようにとらえたのか。モースによれば、誰かから何かを受け取ることは、その人の霊的な本質の何ものか、その人の魂の何ものかを受け取ることにほかならないと言います。

そのようなものをずっと手元にとどめておくのは危険であり、命に関わることになるかもしれない。だから、次に受け渡さなければならない。そこには与える義務とともに受け取る義務があり、受け取ったらまた次の誰かにかえしていくことが、ある種の義務として生じている。真の所有者は誰でもなく、それは神のものであり、これによって互酬性というものが成立している、というのがモースの贈与論です。

ここで重要なことは、クラ交換が純粋贈与ではないということです。私は、クラ交換はあくまでも交換の一種だと思います。ぐるぐると物が回って、かえしたらまた与えられるというのは、たしかにマーケットの論理とは違うものの、交換の一種であることには変わりません。

▼ハウ——人間の意思の外部による交換システム

『贈与論』では、マオリのハウや北アメリカのポトラッチという現象も重要です。

ハウとは、物に宿る精霊のことをいいます。森からやってくるのですが、特定の人や集団にとどまり続けることを望まない。だから、物を所有し続けようとする人がいると、その人にハウが悪さをして災いをもたらしてしまう。だから、人は物をもらったら誰かに返礼をしたり、渡したりしなければいけないということが説明されています。

モースは「ものが与えられることを望むのだ」という象徴的な言葉を残しています。私たちが贈与したいのではなく、物自体が贈与されることを欲している、というのです。

森からやってきたハウによって物がどんどん移動し、その社会に恵みがもたらされる。

つまり、贈与が人々に恵みをもたらしていきます。人々が富を大きくしていくとハウはまた森に帰っていく。ただし、贈与は人々に恵みをもたらすとともに、贈与のリンクを止めると人々に不幸な死がもたらされる。ハウにはそういった両義的な力が宿っているのです。

モースは、近代社会はハウのようなものを失うことによって、つながりを失った、と言います。ハウがもたらしていたものは、富だけでなく人と人とのつながりである、と。何かをもらったらその人は、どこかの誰かにそれを渡さなければならない。

つまり、社会的なつながりや連帯が、物の循環、すなわち贈与によって成り立っているというシステム自体が、近代社会やマーケットによって失われている。これがモースの非常に強い危機意識です。

モースは一種の社会主義的な思想を強く持っていた人で、社会を転換させなければいけないという危機意識のもとに『贈与論』は書かれています。ハウが命じる交換は、人間の意思の外部によって機動している交換システムであることを、モースは非常に重視しているわけです。

▼ポトラッチ――贈与と負債

続けて、これまでも哲学的によく議論されてきたポトラッチもみておきましょう。ポトラッチは、ネイティブアメリカンの一種の儀礼的な贈与であり、チヌーク族の言葉で「贈答」を意味します。

具体的には、あるひとつの集団のなかで、後継者の披露や結婚、葬儀などの際に行われ、このとき彼らは祝宴を開いて周囲の部族の集団を招き、お返しができないほどのびっくりするような贈り物を渡すのです。絨毯（じゅうたん）のような物が山高く積まれている写真が残っていますが、とにかく相手を驚かせるような財や富を贈与するわけです。そして時には贈るだけではなく、大切な物を燃やしたり、粉々に破壊したり、海のなかに放り投げたりもします。

主催者とその親族は、こうした行為によって気前のよさを最大限に相手に見せつけるのです。かえせないほどの物をあげたり、あるいは大切な物を割ったり燃やしたりする行為を相手に見せることによって、部族間のヒエラルキーをつくろうとする。ポトラッチは、自分たちの寛大さを誇示する儀礼として行われるのです。

これも贈与にみえますが、ポトラッチも一種の交換だと思います。つまり、物を贈与することによって敬意を得る。ひいては相手の集団に対する、ある権力的な地位を得ようとしている。その意味で、一種の交換としてとらえられる現象です。

ここまで『贈与論』を紹介しながら、いくつかの具体的な事例や現象をみてきましたが、多くの人が指摘しているように、贈与という現象の最大の問題は負債にあります。物をあげるという行為は、同時にもらった側に負債の感覚を与えてしまうのです。

私たちは誰かからプレゼントをもらうと、「やったー！　うれしい！」と感じるだけではなく、お返しをしなければならないという観念にかられる。相手から一方的にもらうばかりでこれがずっとたまってくると、両者のあいだに上下関係のようなものが生まれてくる。与える側ともらう側という、負い目をベースとした上下関係ができてしまう。贈り物を受け取った側は、貸し付けられたものというような認識を持ってしまい、いずれ子孫を含めて返済しなければいけないというふうに考えるわけです。

ポトラッチの場合は、招待された側が別の機会に盛大な祝宴を開いて答礼をします。この答礼が十分でない場合には、相手の奴隷的な身分に落とされることがある、というのがポトラッチのひとつの特徴です。あんなにしてもらっておいてその程度の返礼か、ということになり、部族間の上下関係が生じるのです。

つまり、一方に負い目と従属が生まれ、もう一方には権力的支配が発生する。かえさなければいけないという義務感が、ある種のヒエラルキーの根拠になってしまう。負債感、あるいは負い目を通じた贈与が持っている非常に残酷な面も、私たちはしっかりとみておかなければなりません。

▼一般的互酬性は権力の萌芽(ほうが)

この贈与がもたらす負債の問題に鋭く迫っていると私が思っているのが、人類学者マーシャル・サーリンズの議論です。サーリンズは、『石器時代の経済学』のなかで、古代社会について考察しながら、互酬性という問題に迫ろうとしています。

この本のなかで、サーリンズは、互酬性を三つに分類しています。

まずひとつめは一般的互酬性です。これは、親族間で食物を分けあう行為などを指します。返礼がすぐに実行されなくてもよい互酬性のことです。

ふたつめは均衡的互酬性で、与えられた物に対して同等の物がかえってくることが期待されるもの。さらに、できる限り決まった期限内に返済されることが期待されるという互酬性です。

そして三つめに否定的互酬性があり、これは、みずからは何も与えないか、あるいは少なく渡して、相手から最大限に奪おうとするものです。詐欺や泥棒などを含むある種の敵対的な行為は、この否定的互酬性に含まれます。

この分類をみれば、三つめの否定的互酬性はだめで、ふたつめの均衡的互酬性はごく普通のもので、一般的互酬性はすばらしい、というのが多くの人が感じる印象でしょう。けれども、サーリンズが非常におもしろいのは、その逆を言っているところです。むしろ一般的互酬性こそが権力の萌芽である、というのがこの本のいちばん重要なポイントです。

一般的互酬性は、すぐに返礼が実行されなくてもよいものですが、この一般的互酬性こそが権力を生む。これこそが古代社会における社会の階層化の根っこにある問題である、とサーリンズは指摘しています。

▼「利己的な利他」を超えられるのか

互酬性、あるいは互恵性という問題にサーリンズから切り込み、私たちの問題関心をそこにすりあわせていくと、一般的に直接互恵性と間接互恵性という観念でとらえられてきた問題がみえてきます。

直接互恵性とは、直接的に返礼がある関係、間接互恵性とは、返礼が違う相手になされる関係のことです。動物行動学の研究者や遺伝子の研究者は、直接互恵と間接互恵の問題について、間接互恵こそが利他行動の生物学的基盤であるという議論をしています。

しかし、実はそう簡単な問題ではありません。というのも、結局のところ、直接互恵も間接互恵も交換の一種と見なすことが可能であり、長期の時間を要しながらも、やはり互恵は交換の一種と考えられるからです。

重要なのは、間接互恵ならいいということではないというところです。結局のところ、誰かにいま何かを与えても、長いスパンでみれば、自分あるいは自分の子孫にかえってくるものだという、因果関係を前提とすると、その行為自体はやはり利己的な存在です。

与えたことがどこかで自分にかえってくるという期待を持って行為をすると、どんなに長いスパンや時間軸であったとしても、それは利己的な利他というものの一部分であると考えなければなりません。もらった人は負債感を抱き、誰かに与えなければならないと考えます。そして、その恩恵が回り回って自分にかえってくるという負債感にもとづく互恵関係は、やはり「利己的な利他」の枠を超えていません。サーリンズが一般的互酬性＝間接互恵は権力関係を生み出すと指摘するように、むしろ厄介な権力の問題を発生させてしまうのです。

そうだとするならば、果たして純粋な贈与や利他というものがありえるのかという問題に、私たちはどうしても立ち止まらざるをえません。

▼一方的な贈与――インドでの経験

ここで私が二〇代半ばにインドで経験したことを少しお話しします。

私がインドで暮らし、地方都市に行って大量の文献を買ってきたときのことです。ものすごく重い荷物を両手に持って、デリーの自分の下宿に帰らなければなりません。鉄道で帰ってニューデリーの駅に着いたのですが、当時、ニューデリーの駅にはエスカレーターもエレベーターもなく、長い階段を歩いてあがらないといけませんでした。荷物を運んでくれるクーリーにお願いするとお金がかかるので、荷物を両手に持って階段をあがり始めました。

するとインド人の男性がやってきて、何も言わずにさっと荷物を持ってくれたんです。

彼は、当時二〇代半ばだった私の一〇歳くらい上に見えました。何か盗もうとしているとか、悪さをしようとしているというよりは、親切心でやってくれていることがよく分かったので、私も彼に任せて、上までえっちらおっちらふたりで荷物を持ってあがりました。階段の上まで来たとき、私は大変ありがたかったので「ダンネワード（ヒンディー語で『ありがとう』）」と言いました。

このダンネワードは、ヒンディー語に昔からある日常語ではなく、近代になって古典語から借用された言葉です。インドでは日常語に「ありがとう」という言葉は流通していませんでした。おそらく、イギリスの支配が入ってきて、簡易に感謝を表すサンキューといった言葉が入ってきてから、インド人は古典語の「感謝」という、非常にややこしい言葉を持ってきて、それを「ありがとう」に置き換えている。ですから、もともと「ダンネワード」を連発する社会ではないのです。

しかし私は外国語としてヒンディー語を学んだ人間なので、日本人が「ありがとう」と言う感覚で、「ダンネワード」と言いました。あまりにも助かったので一回言っただけでは足りず、あと二回ぐらい、「バフットダンネワード（本当にありがとう）」と、「とても」という意味の「バフット」をつけて、感謝を強調する言い方をしました。

すると、その瞬間にこの男性は、何かムッとした顔をしたんです。ムッとした顔をして、プンという感じでむこうに行ってしまいました。「ありがとう」と言ったらキレられた。不可思議な感覚のまま、私は重い荷物といっしょにそこにぽつんと残されました。

そこから荷物をオートリキシャ（三輪タクシー）に載せ、自分の下宿に戻っている最中も、さらにその後も長いあいだずっと、なぜあんなにキレられたんだろう、と気になっていました。そこで考えたのはこういうことです。

インドの人たちは「ダンネワード」とめったに言いません。たとえば、インドでひとりに道を訊ねると、「どうした、どうした」と周りの人が寄ってきて、全員が道を教え始めます。私のことはほったらかしで、「いやあ、どこそこはどっちからだ」「いや、あの道を行ったほうがいい」といった勝手な議論が始まり、最終的には一応収斂（しゅうれん）して「あっちだ」という話になる。それが間違えていたりするんですが、いずれにしても道を訊ねると、みんなが集まり議論して、散り散りになっていくという場面に何度も遭遇しました。

インド人同士で同じようなことをしている場面を見たこともあります。でもそのときに、道を訊ねたほうは「ダンネワード」なんて言いません。感謝の念をニコッと微笑（ほほえ）みで示すと、相手のインド人は「分かったよ」というふうに首を傾（かし）げる。それくらいで、みんな散り散りに去って行きます。

▼返礼への違和感

のちに自分の実感として、インド人の感覚が分かった気がしたのは、自分の息子に「ありがとう」と言われて、どうも釈然としない感覚を抱いたときでした。息子は幼稚園で「ありがとうと言いなさい」と習ってきたのだと思います。あるとき道を歩いていて、息子が転びそうになり「危ない！」とかばったときに、「ありがとう」と言われたことがありました。

何か妙な感じがして、「こんなときにお父さんにありがとうと言わなくていいんだよ」と言ったんです。また、私がご飯をつくって、「はい、どうぞ」と言って出したときにも「ありがとう」と言われ、これも私はすごく違和感がありました。あまりにも当たり前にしていることに対して「ありがとう」という言葉でかえされることに、自分のなかで違和感が湧いたのです。そのときも「そんなこと言わなくていいから」と息子に言いました。

このときの自分と、私の荷物を持ってくれて「ありがとう」と言われてキレたインド人の男性は、「ありがとう」と言われることでこれが贈与ではなく交換になってしまう、という問題に触れたのだと思います。つまり、何かやったことに対する返礼としての言葉がかえってくると、その関係性が変わってしまう。

あまりにも当たり前のオートマティカルな行為として自然にやっていることは、報われるか報われないかという問題の外部で行われている行為であって、そこで「ありがとう」と言われると、やはり妙な感じがするのです。この問題と贈与や利他の問題は、非常に深く関わっているのではないでしょうか。

▼「わらしべ長者」のなかの贈与

この私の経験を考察するうえで参考になるのが「わらしべ長者」という民話です。「わらしべ長者」は御存じのとおり、物をどんどん交換することによって富が増大化していくというお話です。長谷寺が舞台の観音祈願型と、途中で味噌（みそ）の交換をする三年味噌型というふたつのバージョンがあります。基本的に「今昔物語」などの古典に書かれているのは観音祈願型のほうです。

長谷観音は奈良にある長谷寺の中心にある観音像です。物語では、両親を亡くして妻子もないひとりの青侍が登場します。この青年はどんなに頑張っても、どうしても貧しさから抜け出せない。積極的にいろいろなことをやったけれどもどうにもならない。そういう絶対的な無力にぶつかったとき、彼は長谷観音にお願いに行きます。

その青年は観音様にこう言います。私が生涯貧乏でこのまま終わるならば、もうここで餓死します。何か少しでもお与えくださるのであれば、夢で知らせてください。そうでなければ、一切ここを動きません。死ぬまで動きません。夢に出て何かお告げをしてください、と。

そしてこの青年が居座って二一日が過ぎたとき、ようやく夢にお坊さんがあらわれました。君は前世の報いでこうなっているので仕方がない。しかしあまりにも大変そうなので少し物をあげよう、と夢に出てきたお坊さんは言います。お寺の門を出て最初に手に触れた物を捨ててはいけない。最初に触れた物が贈り物、つまり、観音様からのギフトだから、それを大切にしなさい、と夢のなかで言われ、青年は目を覚まします。彼はようやく自分の祈願が通じたと思って、このお寺を離れます。

この青年は少しそそっかしいものですから、お寺の山門を出てすぐのところで躓(つまず)いて転んでしまいます。そのときぱっと手にしたのが、一本の藁(わら)でした。ああ、これがお告げかと思って、彼は素直にこの藁を握って持って帰ります。少し歩いていると、自分の顔の周りにアブが飛び回ってうるさいので、このアブを捕まえて藁にくくりつけます。そしてアブのついた藁をぶんぶん回しながら道を歩いていく。

すると、道のむこうから子どもをつれたお母さんがやってきます。「今昔物語」には「京ヨリ可然キ女、車ニ乗テ参ル」（「参長谷男依観音助得富語」『新日本古典文学大系35　今昔物語集　三』）と書いてありますが、長谷寺は女人禁制ではなかったので、駕籠か何かに乗ってやってきた貴族の女性と子どもがいたのでしょう。

青年が彼らとすれ違うときに、子どもが「あれ欲しい」と言うんです。アブがついている藁をぶんぶん振り回しているものですから、子どもはおもしろそうに思って、お母さんにせがみます。あれ欲しい、あれ欲しいと駄々をこねていると、この青年は、非常におもしろいことに、それをあっさりとあげてしまう。

私はここがいちばん重要だと思っています。二一日間も、自分は餓死するとまで言って夢を見せてくれるよう懇願し、やっと観音から授かった藁にアブをくくりつけて持っていた。ところが、それを欲しがる子どもにあっさりあげてしまう。青年の行動は非常に不可解です。

そのとき、親子といっしょにやってきた従者が、じゃあかわりにどうぞと言って、ミカンを三個くれます。青年はミカンを持って歩き始めます。

ミカンを肩に担いで歩いていると、今度はむこうから息絶え絶えになった人がしきりに水を欲しがって歩いて来ます。青年はこの人のそばに寄って、そんなに喉が渇いているんだったら、とミカンをあげます。すると、ミカンを食べた人は気力を回復し、ありがとうと言って、持っていた食事と立派な反物を三反、青年にくれました。

ここで青年は、藁がだんだんいい物になってきていると気づきます。これは観音様のお助けだ、こうやって俺を助けてくれているんだ、といい気になって、死んだ馬をよみがえらせてくれなどと狡猾な願いを続けます。最後には、馬と土地を交換し、この土地からはどんどんお米ができ、屋敷持ちになって豊かになった彼は、これはひとえに長谷観音の御利益だと思って参詣をしたというところで物語は終わります。

これが「わらしべ長者」のあらすじです。これは仏教説話ですから、長谷観音の霊力というのを説いているのでしょう。

利他や贈与という文脈からこの物語を読むとき、重要なポイントは最初の交換にあります。青年は、夢のお告げにしたがって手にした藁を、それを欲しがる子どもにあっさりとあげてしまう。この段階では、青年は長谷観音が物をどんどん大きな富へと変換してくれることに気づいていません。しかも、藁をあげたらミカンがもらえるとも思っていない。ものすごく不用意に、大切な物をぱっとあげてしまっている。つまり、この一箇所だけが、大切な物の一方的な贈与になっているのです。

▼結果としての間接互恵システム

青年がふいに藁をあげてしまうという行為に、私は、利他の根本にある非常に重要な問題があると思っています。青年は倫理的でも高潔でもありません。嘘をつく凡夫です。それなのに、観音様からもらった藁をあっさりとあげてしまうのは、いったいどういうことなのでしょうか。

この贈与には、いい人だから贈与という行為をするという、善と利他をつなげる問題を超えた何かがあります。青年の動機を合理的に説明することはできません。「思わず」とか「ふいに」としかいいようがないものによって行われる行為です。そこにはおそらく、後ろから押す力、あるいは意思に還元されない何かが働いている。人間の合理的な意思の外部によって起こされる力によって、この藁は贈与されたのだと思います。そして具体的な利益は事後的にやってくる。

自分の個を超えた力に促されて生きていることを、仏教の世界では「業」と考えてきました。業とは、後ろから押す力、何かオートマティックな力です。そして、このような自分の意思とは違う何かが働くという問題を考えないと、利他の核心に迫れないのではないかと私は考えています。

間接互恵のシステム自体を否定するつもりはありません。しかし、本当に重要なのは、間接互恵としてのダルマ——個人の義務を果たしなさいというヒンドゥー教の原理、宇宙の法則のようなもの——でしょう。

つまり、行為を行った時点では間接互恵が前提とされていない、ということだと思うのです。自分が行ったら何かがかえってくるという前提で行った行為ではなく、結果として何かがかえってくるというのが、非常に重要な問題ではないのか。それは衝動的なもの、思わずやってしまうこと、理由がつかない因果の外部の行為として行われているものです。

ポイントは、結果としての間接互恵システムである、という点です。逆に、間接互恵システムを前提とし、間接的な因果による見返りを期待して行う行為は、常に利己的な利他になってしまいます。

とするならば、間接互恵の非常に重要な本質は、不確かな未来によって規定されているという逆説にあります。つまり、かえってこないかもしれないし、どうなるか分からないけれどもやってしまうという行為によってこそ、間接互恵システムは成り立っているのです。

これは巨視的な観点で働いている、人知を超えたメカニズムであって、私はこれを「オートマティカルなもの」だと考えます。理系の研究者のお話ですごく感動を覚えるのは、植物の光合成や惑星の自転・公転などと、この「オートマティカルなもの」が、何かつながるような感覚があるからなのです。

ただ心臓が動いていることとか、免疫細胞の働きだとか、私たちの意思に還元されないものによってこそ、世界の大半のものが動いている、そしてその力を人間はもっとコントロールできる、あるいは、その力を認知できるという発想が強かった。けれども、そんなものをはるかに超えたところでいろいろなものがオートマティカルに動いていること、その大きな力自体を私たちが直視することから解体されていく世界があるのではないか。そこにあらわれているものこそ「利他」としか名づけようのないものではないでしょうか。

▼「聖道の慈悲」と「浄土の慈悲」

私自身はオートマティカルなものを自然科学の話としてお話しすることはできませんが、宗教の話でいえば、たとえば、私が慣れ親しんだ親鸞は、「オートマティカルなもの」を「他力」という概念でとらえています。

親鸞は、『歎異抄（たんにしょう）』第四条で、慈悲にはふたつある、という言い方をしています。善いことをしようと思ってする聖者の行いが「聖道の慈悲」で、浄土からおのずとやってくるのが「浄土の慈悲」です。

つまり、親鸞は「聖道の慈悲」を自力、「浄土の慈悲」を他力と考えているわけです。善いことをしよう、誰かを助けたいという意思を持って行うことは、尊いけれど不完全な慈悲であり、常に不純な自己愛に変容することがあると親鸞はとらえているのです。利他の心が見返りを求める自利の心へと変容してしまうという問題が、どうしても「聖道の慈悲」のなかにはあるわけです。

自我にもとづく、こうした慈悲は、先述した「ピティー（pity）」の問題へと還元されていく自力の慈悲です。ここにはやはり権力が存在してしまうので、いくら尊い人の慈悲であっても、聖道の慈悲を超えなければならない、というのが親鸞の考えです。
それに対して、「浄土の慈悲」は阿弥陀仏(あみだぶつ)の慈悲であり、それが他力であると親鸞は考えます。それは、仏の利他心であり、見返りを求めない一方的な慈悲の心です。

▼「私」は縁起的現象として存在している

そこに働いているのが、縁起による業というものです。仏教における業は前世の報いというふうに誤解されることが多いのですが、そうではなく、「縁によって成立している私」という存在に関わる言葉です。

仏教の根本は、「アートマン」の否定です。アートマンとは、絶対的な我を指すヒンドゥー教の概念です。このアートマンが、絶対的な宇宙であるブラフマンと本質において同一のものであると考えるのが、ヒンドゥー教です。これが「梵我一如(ぼんがいちにょ)」と呼ばれる原理です。

ところが、それに対して、ゴータマ・シッダールタは、アートマン、すなわち絶対的な我は存在しないことを説きました。本当の「我」はどこまで追求しても存在しないことが仏教にとっては非常に重要なのです。むしろ、存在するのは、縁起的現象としての「私」

というものだけであるというのです。

▼五蘊（ごうん）の結合としての「私」

縁起的現象としての「私」ということを、五蘊という言葉を使って説明しましょう。

五蘊とは人間を成り立たせている五つの要素のことで、色（＝肉体）・受（＝感覚）・想（＝想像）・行（＝心の作用）・識（＝意識）を指します。

この五つの要素がたまたま結合した結果として、「私」というものが存在していると仏教では考えます。そして、五蘊の結合である私は、いろいろな縁によって無数に変容していきます。たとえば、誰かと話をすることによって影響を受けると、私の五蘊の結合体は変容する。つまり、昨日の私と今日の私というのは変化している。本質的なアートマンなどというものに支配されず、我に対する執着を超え、無数の出会いによって変容していく「私」という現象こそが本当の「私」である。これが仏教の根本にある「無我の我」という観念だと思います。

縁起による、そして私を超えた業の力によって成り立っている「私」。自己の力を超えた業の存在こそが、無限の過去からやってくる力であって、それによって「私」は規定されているということです。

▼人間の意思に還元しすぎた近代

このことを少し身近なところで考えてみましょう。社会はさまざまな偶発性といろいろな相互関係によって物事が進んでいくので、私たちはあらゆる想定外の未来に生きているんだと思うのです。それが人間というもの、あるいは社会の本質でしょう。

しかし、自然に全部任せてしまえばいいのかというと、そういうわけでもない。そこの狭間でどのようなことが考えられるのか。

どうしても近代社会というのは、人間の意思にいろいろなものを還元しすぎてきたと思うのです。この問題は第四章で國分功一郎さんが論じていることとも相通じるのですが、やはり人間の意思によってすべての行為が行われているということについては、疑う必要があります。

ヒンディー語では、「私はうれしい」というのは、「私にうれしさがやってきてとどまっている」という言い方をします。「私は」ではなくて、「私に」で始める構文のことを、ヒンディー語では「与格」といいます。この「与格」が現代語のなかにかなり残っていて、ヒンディー語を勉強するときにこれがものすごく難しい。「私は」で始めるのか、「私に」で始めるのかというので、初学者はすごく戸惑うポイントです。

「私は」というのは私が行為を意思によって所有しているという観念だと思いますが、「私に」何々がやってくるというのは、不可抗力によって私に何かが生じているという現象のときに使います。たとえば、「風邪をひいた」「熱が出ている」というのは与格で表現します。つまり、私が風邪をひきたい、熱を出したいと思ってそうなっているのではなく、私に風邪や高熱がやってきてとどまっている、という言い方をします。

「私はあなたを愛している」というのも、「私にあなたへの愛がやってきてとどまっている」。私が合理的にあなたを解析して好きになったのではなく、どうしようもない「愛」というものが私にやってきた。ではそれはどこからやってくるのかという問題が出てきます。

それがやはりインド人にとっては神であったり、場合によっては歴史的な過去だったりするのでしょう。

「I think」だって疑わしい。私は意思的に思っているのかという問題です。日本語では「私には思える」という言い方があります。「私には思える」と「I think」のあいだにはちょっと距離がありますよね。「私には思える」というのは、私が何かを思っているというよりは、「思いが私に宿っている」という感覚。私は自分でも、自分が思っていることを自分でコントロールしているというよりは、何か思いがワーッとめぐっているということが圧倒的に多く、「思い」のほうに自分が翻弄されているという感覚のほうが大きい。

意思というのはそんなに世界や自分をコントロールしているものなのか、という感覚が非常に強く、過去の人たちはそれを言葉の構造で表現してきたのではないでしょうか。

▼自己の限界を認識するのが他力

縁起的な自己というものは、意思で自己をコントロールする考え方とはかけ離れたものです。そして、いつでも変容できうる私というポジティブな面をもたらしてくれます。

しかし、その一方で、縁によってどのような振る舞いをするか分からない、不安定な自己を抱えているという厄介な面も見逃せません。自分でも手のつけようのない、深い懊悩、あるいは煩悶みたいなものを抱えた存在である。それが、縁起的な自己です。

業というのは、常に私を解放するとともに、手をつけられないものに支配されている状態に置くという、非常に厄介な両義性を持っているものとして仏教ではとらえられているのだと思います。

そこに関わってくるのが、親鸞の悪人正機という概念です。これにはいろいろな説明の仕方があると思いますが、罪には英語でいうクライム（crime）とシン（sin）があるとすると、親鸞がとなえた悪あるいは罪には、人間のどうしようもなさという問題が含まれるので、親鸞が意味するところはシン（sin）の領域でしょう。クライム（crime）は犯罪ですけれども、シン（sin）には存在すること自体の罪の問題が含まれています。

人間がどんな善行を行おうと、それでもなおどうしようもなさというものに支配されている。そんな私たち、煩悩具足の凡夫は、その支配の構造、つまり自分の無力を果たして認識することができるのか。もし、それを認識した人間であれば、人間の限界、自己の限界という無力に立つことができる。この無力を知ることができた人間にやってくるのが「他力」であるというのが、親鸞の思想構造です。

では、自己の限界を知るにはどうすればいいのでしょうか。親鸞は単に自力を否定しているのではなくて、自力の限りを尽くせと言っている人です。自力の限りを尽くした人間こそが、それでもどうにもならない自己の限界を知ることができる。その無力というものに立った人間におのずとやってくるのが「他力」というものである。そのように親鸞は考えているのです。

▼仏の業と利他

そして親鸞は、そこからやはり業の問題を考えています。まずは人間の側にある業です。煩悩具足の凡夫であり、どうしようもない人間だと知ること（＝機の深信）。これによって人間はどうしようもない業を抱えた存在であるということ（＝罪業深重）に気づかされるわけです。

しかし、この業に気づかされたときにやってくるのが、もうひとつの業です。それは仏の業というものです。仏の側にも業があり、これは阿弥陀仏の大願業力といわれるもので、阿弥陀仏にも衆生を救済してしまう業がある。困っている、どうしようもない衆生というものを、阿弥陀如来はオートマティカルに救うのです。

この二重の業というものの力学によって、世界は成り立っていると彼は考えます。つまり、阿弥陀の本願というのが親鸞の世界では業の力なのですが、それはオートマティカルなもの、止まらないもの、仕方がないもの、どうしようもないものです。不可抗力としてやってくる、人間の意思の外部によって成立している力。これを利他の問題として考えたいと思っています。

▼利他は私たちのなかにはない

これが、最初にお話しした利他の困難ということです。志賀直哉の「小僧の神様」の非常に重要なポイントは、貴族院議員Aがためらったことだと私は思っています。最初に小僧の仙吉がぱっと手を出して寿司をつかんだ。六銭だよと言われて手を離し、じっと固まって立ち止まっているときに、Aは仙吉にとっさに声をかけられなかった。そこでAは戸惑ったわけです。仙吉が飛び出していった後に、何かかわいそうだったと思い、次の機会に満を持して奢っている。しかしそのことによって彼はいやな気持ちに苛まれてしまうんです。Aの心情のなかには、「ピティー（pity）」（哀れみ）が含まれていたのでしょう。

インドで私の荷物を持ってくれた、思わず体がぱっと動いてしまったというようなあの男性と、ためらってしまって体がぱっと動かず、かわいそうだな、哀れだな、何とかしてやりたいな、と思ってから仙吉にご馳走した貴族院議員Aのあいだにある問題。そしてAがご馳走してくれたことを、仙吉が神の行為だととらえてしまうことに関する非常に複雑な問題。こういったことを志賀直哉は描こうとしたのかなと私は思います。

利他はどこからやってくるのかという問いに対して、利他は私たちのなかにあるものではない、利他を所有することはできない、常に不確かな未来によって規定されるものであるというのが、ここまでの議論を通じてお伝えしたかったことです。

第三章　美と奉仕と利他

若松英輔

若松英輔（わかまつ　えいすけ）

一九六八年、新潟県生まれ。批評家、随筆家。東京工業大学科学技術創成研究院未来の人類研究センター及びリベラルアーツ研究教育院教授。慶應義塾大学文学部仏文科卒業。主な著作に『叡知の詩学　小林秀雄と井筒俊彦』（慶應義塾大学出版会、西脇順三郎学術賞）、『小林秀雄　美しい花』（文藝春秋、角川財団学芸賞、蓮如賞）、『イエス伝』（中央公論新社）、『悲しみの秘義』（ナナロク社）、『霧の彼方　須賀敦子』（集英社）など。

▼「利他」の原義──「利」とはなにか

「利他」とは「他を利する」ということですが、その本質を考えようとするとき、まず、「利」とは何か、そして「他」とは何かを確かめてみる必要がありそうです。

「利他」はもともと仏教の言葉です。仏教で「利」という言葉は肯定的な意味を指すことが多い。しかし、儒教では必ずしもそうではありません。「利」は、目先の、そして自分だけの利益を指すことが少なくないのです。『論語』には次のような孔子の言葉があります。

子の曰(のたま)わく、利に放(よ)りて行なえば、怨(うら)み多し。
（『論語』金谷治訳注）

自分の利益ばかりによりそって行動していると、怨まれることが多い、というのです。

また、「利」をめぐる別な孔子の言葉もあります。

子の曰わく、君子は義に喩(さと)り、小人は利に喩る。
（同前）

君子は義に通じ、小人は利に通じている、というのです。「喩る」というのはその方面に鋭敏な感覚を持っているさまを示す言葉です。そして、ここでの「利」は、利己的な「利」であって利他的なそれではありません。

いっぽう、仏教において「利」は、「利益」「利根」「利生」などよきものを示すときに用いられます。「利益」は、物心両面にわたって福利をもたらすことを意味します。現世利益という言葉があります。あまりよい意味では用いられませんが、そう感じるところには、現世で終わるものではなく、後の世でこそ花開くのが真の利益であるという認識があるからです。

利益という言葉には、そもそも現世に終わらないよき働きが含まれています。「利根」は、宗教的、霊性的素質において優れていることを指しますし、「利生」は、衆生に利益を与えることを意味します。こうした数例を確かめるだけでも「利」が仏教のなかでいかに重要な言葉であるかが分かります。

▼「利他」の原義――「他」とはなにか

次に仏教における「他」の意味論を確認してみたいと思います。

仏教には「自力」「他力」という言葉があります。「自力」とは人間が自分の力で何かをなそうとすることですが、「他力」は自分では何もせず、仏のちからによって何かが起こるのを呆然と待つことではありません。人間と仏が、人と仏の二者のままでありながら、「一なるもの」になることです。仏教における「他」には「自他」を超えた「他」という意味があるのです。そう考えると、利他における「他」も、自分以外の他者ではなく、「自」と「他」の区別を超えた存在ということになります。

「利他」という言葉は、平安時代、最澄、空海の時代にすでにあります。「忘己利他」（己れを忘れて他を利する）という最澄の言葉を耳にしたことがある人もいるかもしれません。仏道を学ぶものの心得が記されている「山家学生式（天台法華宗年分学生式）」で最澄は「利他」をめぐって次のように書いています。

> ……道心〔筆者注：菩提心〕あるの仏子を、西には菩薩と称し、東には君子と号す。悪事を己れに向へ、好事を他に与へ、己れを忘れて他を利するは、慈悲の極みなり。
>
> （『日本思想大系4　最澄』）

ここでいう「忘れて」とは、その立場を「越えた／超えた」次元に立つことです。自分が思うことではなく、それを超えた場所で起こることがもっとも深い慈悲の営みだというのです。

さらに最澄は、「山家学生式」（八一八年）より三十年ほど前、七八五年、比叡山に登るときに自らの決意を書き記した「願文」ですでに、「利他」という言葉を直接用いてはいませんが、利他であることこそが自らの悲願であることを切々と語っています。

最澄と空海はともに遣唐使として唐に渡っています。空海は、自分が唐から何を持ち帰ったのかを記した「請来目録」のなかで「利他」という言葉を用いています。

> それ釈教は浩汗〔筆者注：浩瀚〕にして際なく、涯なし。一言にしてこれを弊せば、ただ二利にのみあり。常楽の果を期するは自利なり。苦空の因を済うは利他なり。空しく常楽を願えども得ず。徒に抜苦を許れどもまた難し。
>
> （『空海コレクション2』）

「釈教」は、仏教のことです。仏教とは何かを語ろうとしても際限がない。しかし、それをあえてひと言でいうとしたら二つの「利」に収斂する。それは「自利」と「利他」だと空海はいうのです。

最澄は、他を利するには自己を「忘れ」なくてはならない、と述べ、空海は、仏教は「自利」と「利他」の二つの支柱からなる、と書く。二人は近似したことを語っていると考えることもできますが、似て非なるものであるということもできます。

最澄の志は高く、どこまでも透明です。真の意味で自己を手放せと促す最澄には、そこを仏がすくい上げてくれる、という絶対の信頼がある。しかし、空海は「自利」を否定しない。空海は自利と利他の「二利」がある、といいながら、それを超える真の「利」があることを暗示しているようにも見えます。最澄、空海は文字通りの意味で霊性の巨人ですが、一つの言葉をめぐる理解を見るだけでも、それぞれの特徴が浮かび上がってきます。

▼柳宗悦――「不二」の哲学

仏教には「不二」という言葉もあります。二つではない、ということなのですが、それは「一」を意味しません。二つのものが、二つのままで、「不二」である、抗しがたい「つながり」によって結びつく状態を指しています。それは、けっして「二」になることがないもの、ともいえる。

「自他不二」という言葉もあります。利他とは、単に誰か他者のために何かをするのではなく、他者と自己との壁が無礙になったとき生起する出来事であるとも考えられます。「礙」は、「さまたげ」を意味します。自他無礙とは、自分と他者とのあいだに「さまたげ」がないことです。繰り返しますが、これは自他が一つになることではありません。自他の二者が二者のままで「不二」になる。数量的な一を超えた、「一なるもの」として存在することなのです。

「不二」という言葉を自己の哲学の中核においたのが柳宗悦です。彼の名前は今日、民藝運動を牽引した人として知られています。

土産物を売る店などで「民芸品」という言葉を時折、目にします。しかし「民芸品」というときのそれと柳がいう「民藝」は同じではありません。「民藝」という言葉が生まれたのは一九二五年の暮れのことで、まだ、百年に満たない比較的新しい言葉です。柳が、盟友である濱田庄司と河井寛次郎とともにいたときに誕生したと伝えられています。

「民藝」は「民衆的工藝」の略語です。今日、「民藝」と呼ばれているものは、その美を柳が見つけて広めるまでかつて、ガラクタ扱いされ、下手物と呼ばれていました。初期の柳に「下手もの丶美」（後年、「雑器の美」と改題）という一文もあります。

また柳は、のちにふれる『工藝の道』で民藝は民衆的工藝であるとともに「デモクラティック・アート」、つまり「民主的藝術」でもあると述べています。現在は、民衆的工藝のほうにだけ光が当たり、世に広まっています。しかし、柳が美とは何かを考える視座を民主的にしたこともじつに意味深い出来事でした。その実践の本質がデモクラティック・アート、民主的藝術であったことも見過ごしてはならないと思います。

まず、柳が考えた「民藝」の本質を考える前に、彼が語る「不二」とは何かを確かめてみましょう。一九四八年に行われた講演「美の法門」で柳は、二を「不二」にすることこそが自らの悲願であると述べています。

それは凡て現世での避け難い出来事なのである。仏の国でのことではないからである。ここは二元の国である。二つの間の矛盾の中に彷徨うのがこの世の有様である。（中略）人間のこの世における一生は苦しみであり悲しみである。生死の二と自他の別とはその悲痛の最たるものである。だがこのままでよいのであろうか。それを超えることは出来ないものであろうか。二に在って一に達する道はないであろうか。

（『新編　美の法門』）

「二に在って一に達する道」、これが「不二」の世界である。生と死、自と他の存在はそのままでありながら、「二」の壁を超えることはできないか、と柳は訴える。「二」の壁を超える「不二」、それが仏教の説く「利他」と響き合うことはいうまでもありません。

▼美という「利他」

「民藝」に出会う前の柳は、傑出した宗教哲学者であり、平和と美の形而上学を生きた優れた思想家でした。彼は哲学者であるだけでなく、志賀直哉や武者小路実篤らと雑誌「白樺」を支えた、いわゆる白樺派の中心的な人物でもありました。彼は哲学者でありながら、イギリスの詩人ウィリアム・ブレイクや、アメリカの詩人ウォルト・ホイットマンを日本に本格的に紹介した者のひとりである、優れた批評家でもあったのです。さらに「朝鮮の友に贈る書」などに見ることができるように実践的な平和思想家でもありました。

彼にとって「民藝」とは、美しいものを眺めるだけの行為ではなく、「見る」という行為を通じた哲学的営為であり、個々の心のなかに内なる平和を実現しようとする試みでした。柳は、「美」こそ真の意味で「利他」なるはたらきを蔵したものであると考えたのです。ただ、柳自身が「利他」という言葉を直接使うことは、ほとんどありません。おそらく彼は、利他という言葉では、利他の本質を表現し得ないと感じていたのでしょう。

言葉には避けがたい宿命があります。ある物事を語ることによって照らし出すとともに、語り得る領域に限定するということが同時に起こる。ある対象を明示すると同時に、そのものの本質から人を遠ざけ、理解を阻害してしまう側面がある。柳はこのことをとてもよく理解していました。

のちにふれますが、柳の哲学の仕事には、沈黙のはたらきをめぐって思索を深めた軌跡を数多く見ることができます。彼は、利他という言葉を使わず、利他の本質が顕現している事象をめぐって思索を深め、言葉をつむいだのです。

別ないい方をすれば、言葉だけでなく、沈黙のはたらきをともに用いることによってしか、真の意味での利他なるものにはふれ得ないことを直観的に熟知していた。そうした存在の秘義を柳は「民藝」が顕わす美にまざまざと感じていたのです。

しかし、その一方で彼はニーチェとホイットマンにふれ、「真の個人主義は真の利他主義である。自己を拡大する時、彼は他人を拡大しつつあるのである」（「哲学的至上要求としての実在」『宗教とその真理』）という印象的な言葉を遺しています。

ここでの「主義」は、現代人が考えるような教条的思想のことではありません。「道」という言葉に置き換えると柳が意味しようとしたところに近づくと思います。「個の道は、真の意味での利他の道に通じる」、ということになります。

ここにも「不二」的感覚があるのは明らかです。「主義」は英語の"ism"の訳語ですが、岡倉天心は英文で書いた『茶の本』で茶道を Teaism と書いています。英語の"ism"も、もともとの語感がそれぞれの「道」あるいは霊性を意味するものでした。仏教は Buddhism、儒教は Confucianism、道教は Taoism と書かれるのはそのためです。

▼器の心

次に、柳が考えた「民藝」とは何か、そして柳が民藝にどのようなはたらきを見出していたのかを確かめてみたいと思います。まず、読み解いてみたいのは、柳による民藝運動のマニフェストともいえる『工藝の道』にある一節です。

> されば地と隔る器はなく、人を離るる器はない。それも吾々に役立とうとてこの世に生れた品々である。それ故用途を離れては、器の生命は失せる。また用に堪え得ず

ば、その意味はないであろう。そこには忠順な現世への奉仕がある。奉仕の心なき器は、器と呼ばるべきではない。用途なき世界に、工藝の世界はない。

（『工藝の道』）

工藝の美は、奉仕の美である、すべての美しさは奉仕の心から生まれる、と語ります。柳にとって奉仕とは、原義のとおり人間というよりも神仏に仕えることにほかなりません。工藝に奉仕の心がある、と柳がいうとき、器はまず人に対する以前に、超越的存在に対して、わが身を奉じ、仕えている、という認識がある。また、真に奉仕するものは、見返りを求めない、ということも含意されている。

「奉仕の心」という言葉も、一見すると、この「心」は、工藝職人の心であるかのように思われ、作る人の心が清らかであれば、清らかな美しいものが生まれる、という風にも読める。しかし、柳はそのように短絡的には考えていません。

ここで柳がいう「心」とは、人間の心である以上に「物」の心なのです。それは、すべての「物」には心がある、というアニミズムとは異なります。柳は「器」は、生物とは異なるありようではあっても、「いのち」あるものだと考えている。「いのち」が宿るとき、そこに奉仕の心もまた宿る。それは彼の思索の結果ではなく、打ち消しがたい経験なのです。

宮沢賢治の作品を読むと、同質のことが描き出されているのに出会います。賢治が鉱物に「いのち」を感じていたのは明らかです。「銀河鉄道の夜」には次のような印象的な一節があります。「この砂はみんな水晶だ。中で小さな火が燃えている」。賢治も砂に「いのち」を感じている。同様のことは器と柳のあいだにも起こっているのです。「物」が「奉仕」する。ここにはおのずと「忘己利他」が実現する。民藝の器には主張するべき「我」がないからです。そして、どのように用いられるかを、自分以外の存在、すなわち人にゆだねているからでもある。

▼用いられるなかで生まれる命

器による奉仕は、人に用いられることによって実現する。先に引いた『工藝の道』の言葉に「用に堪え得ずば、その意味はない」という一節がありました。

用とは「用いられる」、つまり「用い得る」ということです。「物」は、見られるだけでなく、用いられ、生活のなかに浸透していくことで、真に「いのち」を帯びたものになる。「民藝」は生まれたときに「民藝」となるのではありません。用いられることによって

「民藝」になっていくのです。

そうした「民藝」になり得る物を柳は「工藝」と呼びます。そのいっぽうで、飾られ、眺められるだけのものを「美藝」と呼びました。柳は「美藝」を否定しません。しかし、工藝の優位を説くことも躊躇しませんでした。

一九三六年、柳宗悦は民藝運動の本拠として日本民藝館を創設します。日本民藝館にある民藝と、上野の東京国立博物館に展示されている民藝とを見比べると、その姿に決定的に違うところにすぐ気がつくと思います。

東京国立博物館には、誰も触っていない、造られたままのものが展示されています。博物館の収蔵品ですから、誰かが使うことはありません。

一方、柳の手元にあった民藝は、用いられたあとが歴然としています。事実、彼が生きている間、普通に食卓などで使っていたものもあります。

そこに顕われている美の差異は、一目瞭然です。日本民藝館には、一部が欠けたものも飾られています。民藝の場合は、古くなればなるほど、修繕すればするほどその固有性を強くする。さらにいえば、欠けたままでも美しい。

あるところで柳は、わざと古く見せようとしてつけた疵ほど醜いものはないと語っています。作られた疵は単なる破壊ですが、その一方で人々が用いることで付いた疵からは、新しい美が生まれることもある。

書物にも似たことがいえます。「本」と「書物」という言葉を使い分けて、本は書店に置かれているもの、書物は誰かに読まれたもの、と言い換えるとしたら、民藝は、じつに「書物的」です。本は読まれることで書物になる。さらに同じことは料理にもいえます。それは人に食されたとき、真の意味での「糧」になる。出来上がったときがもっとも美しいなどということは全くない。用いられ、時のちからを得て、変貌し、美が深まっていくというのが民藝をめぐる柳の実感だったのです。

▼「生ける伴侶」

『工藝の道』には、次のような美しい文章もあります。

「身は精霊の宮」と記されている。地をこそ天なる神の住家といい得ないであろうか。冬枯れのこの世も、春の色に飾られる場所である。(中略)

美が厚くこの世に交わるもの、それが工藝の姿ではないか。味なき日々の生活も、

> その美しさに彩られるのである。現実のこの世が、離れじとする工藝の住家である。それは貴賤（きせん）の別なく、貧富の差なく、すべての衆生（しゅじょう）の伴侶（はんりょ）である。これに守られずば日々を送ることができぬ。晨（あした）も夕べも品々に囲まれて暮れる。それは私たちの心を柔らげようとの贈物ではないか。見られよ、私たちのために形を整え、姿を飾り、模様に身を彩るではないか。私たちの間に伍（ご）して悩む時も荒（すさ）む時も、生活を頒（わか）とうとて交わるのである。それは現世の園生（そのう）に咲く神から贈られた草花である。（同前）

民藝は語ることなき「衆生の伴侶」であり、人の苦しみや痛みを「柔らげようとの」天から贈られた物である、それはいわば、現実世界という「園生に咲く神から贈られた草花である」というのです。工藝は、超越の命によって人間界に遣わされたものである、と柳は感じている。

柳の本性をひと言でいうとしたら、詩人哲学者というべきなのかもしれません。詩人は語り得ない言葉を聞き、哲学者はそれを他と分かち合うために、言葉の可能性を極限まで探って、あえて言葉によって表現しようとするのです。

この本のほかの場所で柳は、「民衆の伴侶」という印象的な表現も用いています。民藝というのは、単に土でこねられた物体ではなく、私たちの生ける伴侶である。そして、私たちが、もっとも過酷な生涯を生きるときに寄り添い、何か働きかけるものなのだ、というのです。

こうした話は、物や言葉に限りません。人はさまざまなものに慰藉を感じています。ある人は音や旋律に、あるいは色や香り、造形や沈黙にそれを感じる人もいるでしょう。

同質のことは人と人のあいだにもいえるのかもしれません。私たちのなかにあるものは、他者の心にはたらきかけ、そして受け止められたとき、それまでに見えなかった「いのち」を開花させるのかもしれないのです。

利他は「他」と「自」がおのずと一つになっていなければ起こり得ない、という基本的かつ肉感的な認識が柳にはありました。そしてまた、利他の本質は、人間の主体性の産物ではなく、非・人間的実在との呼応において現象するとも考えていました。

利他とは個人が主体的に起こそうとして生起するものではない。それが他者によって用いられたときに現出する。利他とは、自他のあわいに起こる「出来事」だともいえます。

ここでの「出来事」というのは、人が作意によって起こすことができない現象のことです。そこには人為とは別なはたらきが必要になる。ときにそれは、距離であり、時間であり、そして忘己の精神である。さらにはマザー・テレサのような人であれば、躊躇せずに、神の助けこそが不可欠であるというでしょう。

▼利他は行うのでなく、生まれる

何のちからによるのかは別にして、利他は人が行うのではなく、生まれるものであるといえるかもしれません。「生まれる」という視座をめぐって、柳の盟友であった陶芸家・濱田庄司が興味深い言葉を残しています。

> 今の願いは私の仕事が、作ったものというより、少しでも多く生れたものと呼べるようなものになってほしいと思う。
>
> (「一瞬プラス六十年」『無盡蔵』)

よく作られている、というような表現は、濱田にとっては讃辞にはならない。彼の作意のあとが消えている、そうした「生れたもの」であるとき、何ものかだというのです。

人は、美を作ることはできないのではないか。作ろうとすればするほど、柳の言葉を借りれば、それは工藝ではなく美藝になっていくのではないか。そこに何かしら歪みが出てくるのではないか。そう濱田は考えていました。「生れてくる」というのは、人間が何か自分とは違う働きの「通路になる」ということにほかなりません。

先の短い文章も、民藝、さらには利他の本質をよく表しています。利他という出来事のさまたげになっているのは作意だというのです。利他とは、人間が「行う」ものではなく、何かの通路となった結果として「生れて」くるものである、ともいえる。

濱田は単に創作者として優れていただけでなく、柳に重要な気づきをいくつか与えた人でもあります。濱田がいなければ、民藝の在り方は大きく変わっていたはずです。濱田はそのような言い方を好まないかもしれませんが、彼は稀有（けう）な工人であり、同時に思索者でもありました。

濱田庄司の器には、じつに特徴的な文様が描かれています。流れるような文様を彼は十秒もかからずに描く。そこに何とも言えない味がある。

民藝運動で非常に重要な働きをしたバーナード・リーチ――濱田は若き日、イギリスでリーチとともに窯を構えていた時期があります――が、その様子を横で見ていて、これほどぜい沢に灰釉（かいゆう）を用いるのはイギリスでは容易ではないといい、また別の訪問客はこんなに短時間にこれほどすごいものができるのは「あまりに速過ぎて物足りなくはないか」と語ります。そうした言葉を受けて濱田が、じつに興味深いことを書いています。

> 別の訪問客は、これだけの大皿に対する釉掛が十五秒ぐらいきりかからないのは、あまり速過ぎて物足りなくはないかと尋ねる。
> しかしこれは十五秒プラス六十年と見たらどうか。自分でも思いがけない軽い答が出た。リーチも手を打ってうまく答えたと悦ぶ。こうなると、この仕事は自分の考えより、手が学んでいたさばきに委したに過ぎない。結局六十年間、体で鍛えた業に無意識の影がさしている思いがして、仕事が心持ち楽になってきた。
> （同前）

自分の「考え」から出たのではなく、「手が学んでいたさばきに委した」、だからこそそこに「美」が宿ったというのです。

これまでの話で、柳が考える利他の淵源が「美」であることはすでに見ました。そうした認識は濱田も同じです。「美」は彼らにとって何かを「生む」ちからそのものです。詩人にとって言葉が記号以上のちからの顕現であるのと同じです。

もちろん、意図や意思がいらないと言っているわけではありません。しかし、こうした

「考え」を超えた仕事に、自他という二元を超える地平が拓かれるという濱田の直観は味わってみるに値します。それは、芸術家の告白であるだけでなく、私たちの日常の感覚にも近いのではないでしょうか。

▼手仕事と利他の一回性

工藝は、当然のことながら手仕事です。手仕事は、いつも世にただ一つのものを生む。再現の不可能なものを生むことだといえます。そして、手仕事から生まれたものは飽きがこないという特性がある。器などでいえば近くに寄り添う生活を長く送れることになる。

ファミリーレストランやコーヒーショップでの飲食は、継続すると飽きてくることがあります。しかし、自宅で作る素朴な料理やコーヒーはあまり飽きがきません。店舗で出されるものは、すでに計量された均一なものであるのに対して、自宅で作るものは日分量で作られるものだからです。こんなところに手仕事の原則が生きています。

利他は、手仕事のようなものです。それはいつも、けっして繰り返すことができない、ただ一度きりの出来事として生起します。

いわゆる科学は、反復することによってそれが真理であることを認めていこうとします。

科学的な真理はいつも他者による証明を必要とします。しかし、利他の真実はそのような道程で確かめることはできません。科学が証明する真理とは全く異なる真実の認識のようなものが一回性の中には宿っている。

いま「真理」と「真実」という言葉をあえて使い分けましたが、利他という出来事は、真理的にではなく、個々人の生の真実として経験される。あることを他者に行う。ある人はそこに大きな喜びを感じるかもしれませんが、別な人はそこに憤りを覚えるかもしれない。真実は必ずしも一様ではないのです。

これまで幾度(いくたび)も「物」という言葉を用いてきました。「物」という言葉は、単に物質を示すだけではありません。「物になる」という表現が端的に表しているように、それは潜在的可能性が十全に開花した状態も意味します。ですから、私たちは世にただ一つのものを「本物」と呼ぶのです。

利他はいつも本物であることが求められます。そこには「一なるもの」への深い認識と信頼がなくてはならない。今という時、眼前にいる人、あるいは思い浮かべている人、あるいは自分とその行為はつねに「一なるもの」です。世の中には多くの人間がいます。しかし、個々の人間は、固有の尊厳を有する存在でもある。さまざまなる固有性の認識は、利他そのものではなかったとしても、利他という花が開花するための土壌なのです。

▼沈黙という秘義

利他は行為の中に顕現するが、しかし、それは言葉によって説明した途端に本質が見えにくくなる。利他が成就していても、それをめぐって語り始めたときに虚飾を帯びる。こうした現象は私たちが日々、目にするところです。

語らずに行う。あるいは人目に隠れたところで行うことを、陰徳を積むといいます。『新約聖書』や『論語』を読んでも陰徳を促す文言に出会うのは珍しくありません。イエスは、「右の手のすることを左の手に知らせてはならない」（『マタイによる福音書』6章3節フランシスコ会聖書研究所訳注）と述べたと記されています。

『論語』には「徳は孤ならず。必らず鄰（となり）あり」という孔子の言葉が収められています。徳ある者は、あえて声をあげる必要などない、必ず志を同じくする者に出会う、というのです。

こうした言葉は、言葉の限界と誤り易（やす）さを示す言葉であるとともに沈黙のちからを説く言説として読むこともできます。行いによって利他は始まり、沈黙によってそれは定まるという原理を先賢たちは説いているのです。

宗教哲学者としての柳宗悦は、沈黙の秘義、すなわち沈黙に秘められた意味を深く考えた人でした。そして、『新約聖書』にも『論語』にも親しみました。そうした仕事は『宗教とその真理』という著作に収められています。沈黙への思索を深めるなかで柳は「無為」の意味を深めていきます。

「『無為』について」という作品のなかで柳は、『老子』における「無為」から、キリスト教カルメル会――厳格な生活と沈黙のなかで神を観想する修道院――の霊性にふれたあと、レオナルド・ダ・ヴィンチの絵画にふれながら、次のような言葉を書き記しています。

> 沈黙は宗教を語る。静慮（Contemplation 禅）が法悦である。無為こそは帰趣である。この帰趣において総ては自然の命に動くのである。予が休止する時、予は神とともに多忙である。静かな力を破りうる力はない。静けさが深さである、強さである。
>
> （「『無為』について」『宗教とその真理』）

「帰趣」というのは究極の目的ということです。「無為」という言葉は、何ものの「為（ため）」

ではない行いこそ、何ものかであることを暗示しています。柳が「神」という言葉を使うときは、いわゆるキリスト教のゴッドではなく、宗派を超えた超越者を意味します。「予が休止する時、予は神とともに多忙である」という状態、利他とは、まさにこうした地平の事象なのです。

お金を寄附するとか、人を助けるといった、いわゆる善行を行うのも、もちろん悪くありませんが、それだけでは利他にはならないこともある。作為的に動いているとき、人は「神」に十分に近づけていない。自らの意を超えたところで動かされること、すなわち無為の状態においてこそ、利他は成就しているのかもしれません。

▼余白のちから

柳は工人たちのように器のような「物」を作ることはありませんでしたが、書をよくしました。書は、書かれた文字だけでなく、そこに余白を生みます。見る者がその余白を認識することがなければ、そこに書かれている文字も理解できない。文字という語りと余白という沈黙の場を同時に現成させているのが、書です。

同様のことは話すときにも起こっています。人は誰も言葉によってだけでなく、沈黙を背負ってしゃべっている。あるいは、聞き手が黙っていてくれるから、話をすることができる。ここにある理法があるのは明らかです。柳は言葉の名手でもありましたが、それ以上に沈黙の意味を見出すことにおいて異能を有する人でした。『工藝の道』には次のような文章があります。

> 工藝　私はこの世界をいかに久しく愛してきたか。いつも一日がそれらのものの中で暮れる。器物とはいうもすでに一家の者たちである。私を訪われる誰とても、それらの者に逢わずしては帰ることができない。だがその多くは見慣れないものに感じられたであろう。私はそれらの多くを見捨てられた個所から救い出した。そのためであろうか、器は特に私の傍に在ることを悦ぶようにさえ思える。かくして長い間、お互いに離れがたく朝な夕なを共に過ごした。そうしてその情愛の中で幾多の秘義が、その匿れた扉を私のために開いた。そうして文字なき真理の文が、数多くそこに読まれた。私は謝恩のしるしにも、示されたものを綴っておきたい。
>
> （『工藝の道』）

柳は、工藝を置き物ではなく、ともに暮らす「一家の者」、家族の一員だといいます。

柳は物と対話をする。言葉ではなく沈黙を通じて心を通わせる。柳は自分が「物」とともにある生活を悦ぶだけでなく、「物」もまた「悦ぶようにさえ思える」とさえ感じる。沈黙の意味を解する者には柳のいう「匿れた扉」が観(み)えてくる。その奥で人は、物がささげる奉仕を享受する。さらに柳は、「文字なき真理の文が、数多くそこに読まれた」とさえいいます。「物」は言葉を超えた「コトバ」によって、真理を語る、というのです。

ここでの「真理」は、科学的真理とは別種なもの、哲学的真理と呼ぶべきものです。先に『論語』の一節を引きましたが、孔子は「朝(あした)に道を聞きては、夕べに死すとも可なり」ともいいました。孔子のいう「道」は、柳のいう「真理」です。これを認識し得ることは、もっとも高き利他の経験である、と柳は考えています。

哲学者の井筒俊彦は、文字や声になる言葉とは異なる意味の顕われを「コトバ」という表現で語りました。私たちはさまざまな非言語的現象からも意味を感じています。だからこそ、音楽や絵画といった芸術にも心を動かされるのです。こうしたとき、私たちは、言葉だけでなく、沈黙のコトバを深く経験している。

仏教は、ここでいう沈黙のコトバのはたらきと意味をしばしば語ります。『工藝の道』を書いた頃の柳はまだ、浄土真宗との関係を深めていませんが、先に引いた「美の法門」

の草稿を書くころになると、自身の哲学的基軸を仏教、ことに浄土教との対話のなかで陶冶していきます。人生の後半における主著は『南無阿弥陀仏』という浄土教論であり、晩年は「仏教美学」という表現を用いるようになります。

親鸞の言葉をもとに編まれた『歎異抄』には、「一文不通のともがら」という言葉があります。すなわち文字を読めない人びとのことです。真理は文字を介さず世界と向き合う「一文不通のともがら」に明らかになることがある。文字を理解する者はそのことを忘れてはならない、というのです。こうした親鸞の霊性は、柳がいう、語らざる者たちとしての民衆と深く通じ合うのは必然でした。

▼美や他者が見えなくなるとき

先に言葉が本質を見えなくする、という問題にふれました。私たちの眼から本質を隠すのは言葉だけではありません。柳の「茶道を想う」（一九三五年）に次のような一節があります。

大方の人は何かを通して眺めてしまう。いつも眼と物との間に一物を入れる。ある者は思想を入れ、ある者は嗜好を交え、ある者は習慣で眺める。

（「茶道を想う」『柳宗悦茶道論集』）

本質を見過ごしてしまう三つの理由がある、と柳はいいます。

一つ目は「思想」、すなわち特定のイデオロギーを通じて見ることです。たとえば、ある物を「〇〇主義的」に見るとき、ある局所ははっきり見えてくるかもしれませんが、全体が見えなくなることがある。こうした誤認は物を見るときだけでなく、世の出来事を理解するときにも起こります。「利他」という問題を「利他主義」というイデオロギーから考えると、その価値と意味は、思索する以前に決定しているのであって、そこではすでに邂逅の一回性は見失われています。

二つ目は「嗜好」、すなわち好き嫌いによって見ることです。自分が好むもの、あるいは好まないもののなかに本質を見極めるのは簡単ではありません。あまりに強い感情――激情というべきかもしれません――が判断を曇らせる、というのも日々経験することです。

そして、三つ目が「習慣」です。ここでいう「習慣」は、惰性と置き換えてもよいかもしれません。それは一期一会の対極です。人は、あるものをつねに「今」において見るのであって、本来は、同じものでも同じようには見ることはできない。しかし、人は多くの場合見る前に同じものであるという先入観をもって見ている、というのです。

これらの三つの罠（わな）を遠ざけつつ「見る」とはどういうことなのか、先の一節の前に柳は次のように書いています。

> どう見たのか。じかに見たのである。「じかに」ということが他の見方とは違う。じかに物が眼に映れば素晴しいのである。（同前）

「じかに」を漢字にすれば「直に」となります。「直に見る」というのは、柳の言うところの「直観」です。

「見る」の古語「見ゆ（み）」は、肉眼で何かを目撃することだけでなく、不可視なものを感じるという意味があります。そして「観る」という言葉は、人生観、世界観という表現にも用いられるように、目に映らない価値が観えてくることを意味します。「直観」とは、単に瞬間的に何かを認識することだけでなく、その認識が持続的に深まっていくことも指す言葉なのです。「見る」と「観る」、利他の原理と呼ぶべき不可視な実在を確かめようとするときは、この二つが重層的にはたらく必要があるのかもしれません。

認知と認識という言葉があります。認知というときの「知」は、客観的な、あるいは感覚的に何かを「知る」ことです。いっぽう「識」も「識る」と読みますが、この場合、単に感覚的に知るのではなく、全身で「識る」ことを意味します。「直観」は認識的経験です。似た言葉ですが「直感」は認知的であることも少なくありません。

なぜ、「知」と「識」の区分、あるいは、そのあわいを問題にしているかというと、「知」と「識」が合わさった「知識」という言葉が利他ととても深い関係にあるからなのです。「知識」とは、もともと仏教の言葉で、物の本質を見極める営為、あるいは見極めた人を意味しました。高僧のことを「善知識」と呼ぶのはそのためです。

「知識」には別の意味もありました。それはいわゆる利行、それも神仏に対する利行を奈良時代には「知識」と呼んでいたのです。そうした行いを志す者たちの集いは「知識結」と称されていました。利他の行いは「知」と「識」が出会ったところで起こる、ということを「知識」という言葉そのものが表現しているのです。

▼論理の道の先に真理はない

利他とは何かを考えようとするとき、最初にある落とし穴はそれを概念化することです。利他という名状しがたい、そしてある意味では姿なき出来事を生々しく感じることなく、概念化するとき、私たちがそこで目にするのは、記号化された利他、さらにいえば死物となった利他であって、「生ける利他」ではありません。

哲学者としての柳は、超越的存在を純粋哲学の現場で語ろうとするとき、「神」という言葉を用いずに「即如」という、いっぷう変わった表現を用いることがあります。即あるものの如し、それが神のありようを示しているというのです。

はじめに「不二」という言葉にふれました。それを「即」という言葉で表現すると自即他・他即自であるといえます。この「即」が生起するとき、利他もまた惹起される。

先に柳の「主著」として『南無阿弥陀仏』にふれましたが、じつは生前には未刊行の主著というべき論考があります。『即如の種々なる理解道』という一文で、柳は、これをあまりに大切にしたために、加筆補正を続け、ついに本にしないまま亡くなってしまいます。そこに次のような記述があります。

> 至上の真理はそれ自ら神秘である。それは論理の道によって近づく事は出来ぬ。是

非の判断を許さぬからである。定義せらるる内容、実証を待つが如き真理、明白にし尽された思想の如きは、尚幼稚な思考の痕跡に過ぎぬ。
（『即如の種々なる理解道』）

現代では、論理上の矛盾がないことが正しさの証しであるかのようになっていますが、現実世界の説明としては非常に脆弱です。現実は矛盾に満ちています。むしろ、矛盾が矛盾のまま表現できているほうが、よほど現実的です。

いうまでもなく論理は必要です。しかし、現実はしばしば論理を超えます。利他は、論理の世界で考えるよりも現実世界で経験した方がより確かです。

計算された利他は、本質的な意味では利他たり得ないことはすでに見ました。論理に頼る者は、数字や文字によってすべてを語ろうとする。しかし、そこにはすぐに限界がきます。論理とは違った「理」が必要なのです。

論理とは異なる「理」で「倫理」があります。「倫」は「つながり」を意味します。「哲理」という言葉もあります。そして、利他を考えるとき見過ごしてはならないのは「摂理」です。名状しがたいあるちからによって、ある出来事がもたらされるとき、私たちはそれを摂理的な出来事だ、と表現することがあります。

利他とは何かを考えるとき、少なくとも論理、倫理、哲理、そして摂理という四つの理を多層的に見極めていく必要がありそうです。

▼他者のトポスへのまなざし

柳宗悦が民藝に開眼する決定的な契機の一つは、朝鮮文化との出会いでした。そして、彼が最初に守ろうとした「民藝」は、韓国の光化門だったのです。現在のソウル、当時は京城府と呼ばれていたこの街を守ろうとしたのが柳の民藝の原点です。

この門は、かつて朝鮮王朝の王宮だった景福宮への入り口で、朝鮮藝術の粋を表現している実に荘厳な建築です。

韓国併合時代に朝鮮総督府がこれを壊そうとしたとき、柳は「失はれんとする一朝鮮建築のために」と題した文章を公にします。反体制的な言動をすれば法的に罰せられ、暗殺される恐れすらあった。それにもかかわらず、一人で立ちあがり国と戦ったのです。柳の文章は大きな反響を呼び、光化門は保存されました。その後、朝鮮戦争で消失してしまいますが、再建されて今日も人々に愛されています。

民藝というのは、民藝館に並んでいる焼き物や漆器、染織などの日用品だけを指すのではありません。日本民藝館にある一番大きな民藝は、民藝館の建物そのものです。そして、あの建物が決定する「場」もまた、民藝であると、柳は考えていました。ある人は、柳の眼は日用品しか見ていなかったと批判していますが、まったく当たりません。

さらに柳宗悦は、一九三八年に沖縄を訪れた際に民藝の再生を経験し、さらに思考を深めていくのですが、このときの経験を綴った「琉球の富」では、この地域につたわる墳墓、さらには琉語（琉球の言葉）や琉歌（琉球の和歌）といった形なきものにも言及しています。建築という民藝、あるいは言葉という民藝という着想が柳の中にあったことが、はっきりとうかがい知れます。

近代日本の歴史からすると、当時、これらの地は「辺境」でした。しかし、辺境として追いやられた場所にこそ、私たちが日頃見失っているものを照らしだす叡知がある、と柳は考えていました。

柳は、東京・目黒に日本民藝館を建てる十二年前、一九二四年に京城の、かつて朝鮮の王宮があった景福宮に朝鮮民族美術館を設立しています。現在、景福宮を訪れても、朝鮮民族美術館の痕跡がわかるような目印はありません。しかし、この地が日本と韓国の関係を象徴している場所でもある歴史は消えません。

最後にもう一つ、柳が朝鮮民族美術館を建てようとしていた時期に書いた一文を紹介しましょう。これは、白樺派の同人誌『白樺』に編集後記として寄せたものです。

自分は此仕事を遂行する事によって、一つの新しい平和の家を争いの京城に建て得ると信じている。自分は啻(ただ)に、長く保存すべき作品を、保存すると云う正当な所置に仕事を止めず深く朝鮮の心に入り、いつかは開くべき蕾を、未知の友の中に見出したいと希っている。芸術の理解がその民族を理解する最も根本的な道だと云う兼々の信念と、芸術が国の差別を越えて、吾々を結合の喜びに導く力だと云う信念とを、具体化せねば止まない決心でいる。

（『朝鮮を想う』）

これが柳の信念です。日本よりも先に韓国に「新しい平和の家」として民藝の館を建てた。まず彼は、他者をわかろうとしたのです。自分を語る前に、他者の声にならない声を聞こうとした。自らに美とは何かを教えてくれた朝鮮の文化に感謝を捧(ささ)げるところから始めたわけです。

ここで語られている信念は、日本民藝館設立にあたっても貫かれていました。目黒の民藝館には、日本だけでなく韓国の民藝も数多く置かれています。民藝館とは、芸術によって国境を越え、他の文化、未知なる他者と出会う場所。そこで物を眺めることで、たとえいがみ合う者同士であっても心と心が結ばれ、平安を見出していくことができる、と考えていたのです。

柳宗悦にとって、人間の争いを食い止めるものが美でした。美は人を沈黙させ、融和に導く。さまざまなことについて対話し、その彼方に何かを見出していくというよりも、沈黙を経た彼方での対話ということを、彼は考えていたのでしょう。

利他というものも、そういう枠組みの中で起こってきたし、起こっている。そして、これからも起こっていくのではないかと思います。

第四章　中動態から考える利他
——責任と帰責性

國分功一郎

國分功一郎（こくぶん　こういちろう）

一九七四年、千葉県生まれ。哲学者。東京大学大学院総合文化研究科・教養学部准教授。東京工業大学科学技術創成研究院未来の人類研究センター特定准教授。東京大学大学院総合文化研究科博士課程修了。博士（学術）。専門は哲学・現代思想。主な著作に『暇と退屈の倫理学』（朝日出版社、紀伊國屋じんぶん大賞）、『ドゥルーズの哲学原理』（岩波現代全書）、『中動態の世界――意志と責任の考古学』（医学書院、小林秀雄賞、紀伊國屋じんぶん大賞）など。

▼いま改めてポストモダンであること

僕は二〇一七年に出版した『中動態の世界――意志と責任の考古学』という本のなかで、古代のインド＝ヨーロッパ語に存在した中動態の概念について考察しました。この本は文法について詳しく論じているので一種の言語論であるわけですが、同時に、人間主体のあり方をとらえなおす試みでもありました。

僕が中動態の概念に関心を持ったのは大学生のころですが、それは自分がポストモダンと呼ばれる思想に強く惹かれていたことと関係しています。ポストモダン思想においては、近代的な主体性が批判されていました。それは一言でいえば、主体の能動性を疑うことであったと思います。だからポストモダン思想では受動性がしばしば強調されました。

しかし僕には受動性を強調するだけではだめだという直感がありました。なぜならそれは能動と受動というありふれた対立のなかで力点を移動しただけであるからです。受動性を強調しているだけでは、どうしたっていつか、「能動性も大切だ」という話に戻ってしまいます。つまり能動と受動の対立そのものから脱却しなければならない。それはまさしくポストモダン思想のなかでしばしば語られていた脱構築の発想です。

そういう漠然とした直感を持っていたときに、中動態なるものの存在を知ったのです。しかもそれは古代の言語に存在していたものだということでした。もし中動態が能動と受動の対立の外にあるものだとしたら、それはポストモダン思想にピタリとくる概念です。おもしろいのはそれが新しいものではなくて、古いものだったということです。

ポストモダン思想は近代（モダン）によって覆い隠されてしまった古い概念を再発見する営みとしての側面を持っていたと思います。たとえば「間テクスト性」とか「作者の死」といった考えは、ある意味では古代ギリシア的です。古代ギリシアでは作者が事物を創造するなどとは考えないからです。たとえば詩人はムーサという神から言葉を受け取るのであって、詩人が詩をつくっているわけではないと考えられていました。

では古代＝ポストモダンによって、人類史にとっての例外ともいえる近代性を取り除けばよいのかというとそう簡単にはいきません。たしかに近代（モダン）の思想には極めて大きな問題があります。この思想が前提としてきた「能動的な主体としての個人」のようなものは存在していません。にもかかわらず、その存在を前提とすることでさまざまな無理が生じている。けれども、そのような近代的思想が生まれたことにはもちろん理由があるわけです。「能動的な主体としての個人」という近代的概念についていえば、その存在理由は責任の概念です。責任を社会的に存在せしめるために、そのような概念が必要とされたわけです。

ならばポストモダン思想は、単に近代思想を疑い、批判するだけでなく、それに代わるものを提示しなければなりません。主体の概念についていえば、それは批判するけれども、責任の概念については別のものを提示するということが求められるわけです。

しかし、ポストモダン思想はそのような試みにおいて必ずしも成功しませんでした。もちろん「ポストモダン思想」という言い方が雑すぎるので、しばしばその枠内で語られる哲学者たちの思想一つ一つについてみていけば、さまざまなことがいえるとは思います。しかしあえて雑にいえば、ポストモダン思想は、近代思想の問題点を明らかにし、それを批判することはできたけれども、それに取って代わる概念を提示することについては、必ずしも成功しなかったということができると思います。

僕が『中動態の世界』をはじめとする自分の仕事のなかでやろうとしているのは、その意味でポストモダン思想のさらなるラディカル化、あるいはその徹底です。近代の批判を踏まえたうえで、それに取って代わる概念を提示したいと思っているのです。ポストモダンはどこか「カジュアル」というイメージがあったように思いますが、その意味で僕はシリアスなポストモダンを目指しています。

▼中動態は何を表しているか

中動態の研究を通じて、シリアスなポストモダン的概念として僕がつくり出したいと思っているのが、いま言及した「責任」の概念です。ポストモダン思想は責任の概念を雲散霧消させてしまったかのように思われています。それはある意味では間違っていないと思います。けれども、ポストモダン的な発想を突き詰めることで改めて責任を定義するという課題はいまも残っています。そしてこの課題の追究は最終的に利他の問題系に直結することになります。

中動態そのものの詳細については『中動態の世界』を参照していただくことにして、ここではその概要だけを説明したいと思います。

中動態というと能動と受動のあいだにあるような感じがしますが、そうではありません。そもそも能動態と受動態の対立というのは存在していなかったのです。それは普遍的なものに思えますが、少しもそうではないということです。もともとは能動態と中動態が対立しており、受動は中動態が担う意味のひとつにすぎませんでした。

能動態と受動態の対立というのは一言でいえば「する」と「される」の対立です。行為の矢印が自分から他に向かえば能動だし、その矢印が自分に向いていれば受動となります。では能動態と中動態の対立はいかなるものであったか。参考になるのは、フランスの言語学者、エミール・バンヴェニストの定義です。

能動では、動詞は主語から出発して、主語の外で完遂する過程を指し示している。これに対立する態である中動では、動詞は主語がその座となるような過程を表している。つまり、主語は過程の内部にある。

（『一般言語学の諸問題』、訳文には手を加えてある。以下、同様）

動詞の名指す過程が自分の外側で完結する場合には能動態が、それが自分の内側にとどまる場合、主語が過程の「座」――「場」と言い換えてよいでしょう――となっている場合は中動態が使われるということです。つまり、能動態と受動態の対立が「する」と「される」の対立だとすると、能動態と中動態の対立は外と内の対立といえます。

たとえば、「与える」は能動態です。自分の外側で与えるという行為が終わるからです。

それに対し、「欲する」は中動態です。ギリシア語ではこれを「βούλομαι（ブーロマイ）」といいます。現代の英語に訳すと「I want」となり、これは能動態であるわけですが、よく考えてみると、それが中動態で表現されていたことの理由が分かるはずです。「水が欲しい」とき、私は実際には少しも能動的ではありません。私のなかで水への欲求が高まっていて、私はそれに突き動かされており、むしろ受動的とすら言えます。水を欲するという過程が私を場として起こっている。

そう考えると、「欲する」を能動態によってしか表現できないことのほうが不正確な感じがします。能動態はもともと「欲する」という現象にあった受動性をかき消して、あたかも能動的・主体的に何かを求めているかのような意味をつくり出してしまうからです。ここに僕が中動態の概念を通じて批判的に検討した概念が関わってきます。それが「意志」です。

▼中動態の消滅と意志の台頭

能動態と中動態の対立から能動態と受動態の対立への移行が、どのような意味を持っていたのかを考えるために、「φαίνω（ファイノー）」という動詞を紹介します。この動詞は能動態に活用していて、「I show」つまり「私が（何かを）見せる」という意味になります。この動詞が中動態に活用すると、「φαίνομαι（ファイノマイ）」になるのですが、中動態では主語が動詞によって名指される過程の場になるということでした。するとこれはどういう意味になるかというと、「私があらわれる」という意味になります。つまり英語でいうと「I appear」という自動詞を使って翻訳できる意味です。

しかしそれだけではありません。「私があらわれる」は「私が見せられる」ということですから、これは受動態を使って、「I am shown」と翻訳してもいいわけです。さらに英語には再帰表現という変わった表現方法があります。それを使って、「I show myself」と翻訳することもできます。

すなわち、ファイノマイという中動態に活用した動詞には、少なくとも、自動詞で表現・翻訳できる意味、受動態で表現・翻訳できる意味、再帰表現で表現・翻訳できる意味の三つが同居しているということです。「私があらわれる」（I appear）も「私が見せられる」（I am shown）も「私が自分自身を見せる」（I show myself）もたしかに同じ事態を表現しています。だから古代ギリシア語では、ファイノマイというひとつの動詞がこれらを担当していたわけです。

しかし、こうやって説明すると納得していただけるかもしれませんが、僕らが慣れ親しんでいる能動態と受動態の対立から改めて眺めると、この整理にどこか変なところがあることにお気づきになると思います。というのも、ファイノマイでは同居していた「I appear」と「I am shown」は、能動態と受動態の対立においては、真っ向から対立させられることになるからです。いうまでもなく、前者は能動態であり、後者は受動態です。「I appear」も「I am shown」も同じ事態を指し示しています。ところが、それらを僕らの現代の言語は鋭く対立させるのです。

ではなぜ同じ事態を指し示しているこれらふたつの表現を対立させるのでしょうか。それはおそらく、私が自分からあらわれることと、私があらわれることを強制されることを区別するためです。能動態と受動態を対立させる言語は、自発的にあらわれているのか、そうではないのか、それを何としてでもはっきりさせようとするのです。

しかし、それを厳密に区別することなどできるでしょうか。たとえば、僕はこの利他研究会で発表した際には、研究会のメンバーの前にあらわれた。つまり、まさしくファイノマイしました。では僕は自発的にあらわれたのだろうか、それとも強制されたのだろうか。もちろん僕はこの研究会に積極的に参加しておりますので、自発的であるとはいえます。

しかし、やはり僕の発表の割り当てが回ってきたから発表したわけであって、純粋に自発的に発表をしたわけではない。ある意味では「この日は國分さんの発表」と言われて強制されたともいえる。要するに、自発的かどうかなど分からないのです。ところが、能動態と受動態を対立させる言語はそれを何としてでもはっきりさせようとする。どちらかに決めないとそれを言葉で表すことすらできない。ファイノマイのような言い方はないのです。「能動なのか受動なのか、どちらなんだ」と詰め寄ってくる現代の言語を僕は「尋問する言語」と呼んでいます。

尋問する言語は要するに何を問題にしているのでしょうか。自発的かどうかをはっきりさせようとするのはなぜでしょうか。僕の考えではここで問われているのが「意志」です。自分の意志でやっているのか、そうではなくて強制されているのか、それをこの言語は問題にしているのです。その意味で、能動態と受動態の対立は意志の概念と密接に関係しているのではないかと思われるわけです。

▼古代ギリシアに意志の概念はなかった

中動態の研究から僕は意志の概念に注目することとなったわけですが、意志の概念について研究しながら驚いたのは、古代ギリシアには意志の概念が存在していなかったということです。意志の概念というのはどこの社会にも当たり前のように存在している概念と考えられているだろうと思います。しかしそうではないのです。この概念は歴史上のある時点であらわれたものなのです。

先に、意志の概念は能動態と受動態の対立に密接に結びついていることを指摘しました。そして能動態と受動態の対立もまた普遍的なものではなく、歴史上のある時点であらわれたものでした。すると、中動態の衰退と意志の台頭には平行性があるのではないかと思わざるをえません。実際、中動態が残存していた古代ギリシアには意志の概念がなかった。

もちろんこれは仮説にすぎませんし、この仮説を実証することはほとんど無理でしょう。しかし、いずれにせよ、意志の概念は少しも普遍的ではないということ、そして能動態と受動態を対立させる言語は意志の概念を強く引きつけるということは指摘することができます。

▼切断としての意志――アレントによる定義

ではそもそも意志の概念とはいかなるものなのでしょうか。僕らはいったいどのようなものを意志と考えているのでしょうか。

意志の概念について参考になったのが、哲学者ハンナ・アレントの思想です。アレントは遺書となった『精神の生活』において、意志の概念の歴史のようなものを論じています。ここでは詳しくは論じられませんが、アレントは意志を肯定的にとらえています。意志を批判的に考察している僕とは正反対の立場です。興味深いのは、アレントがあまりにも見事に、そして正確にこの概念を定義しているため、逆にこの概念の問題点を明らかにしてしまっているということです。アレントは意志の概念が必要だという立場からこれを論じたにもかかわらず、ある意味で意志の概念の不可能性を証明してしまっているのです。

ではアレントによる意志の概念の定義を見ていきましょう。アレントは大きく四つのステップでこの概念を定義しています。

まずアレントは精神のなかにもいろいろな器官があると考えました。たとえば、記憶とは過去に関わる精神的器官として考えることができます。過去に関わる器官があるならば、未来に関わる器官もあるはずです。それが意志です。

次のステップが非常に重要なのですが、アレントは未来に関わる器官がその存在を認められるためには、未来がひとつの真正なる時制として認められていなければならないと指摘します。どういうことでしょうか。未来が存在しているのは当たり前と思われるかもしれません。しかしアレントによればそうではないのです。

それを説明するのが第三のステップです。アレントはアリストテレスにおける「可能態」の考え方を参照しつつ次のように指摘します。

> 実在する一切のものには、その原因の一つとしての可能態が先行しているはずだという見解は、暗々裏に、未来を真正な時制とすることを否定している。
>
> (『精神の生活〈下〉』)

アリストテレスの言う可能態とは、たとえば、ドングリのなかにカシの木になる可能態があり、カシの木はドングリが持っていた可能態が現実化したものだという考え方です。この考え方では、現実はすべてかつてあった可能態が現実化したものだと考えられることになります。アレントが言っているのは、このアリストテレスのような考え方においては、未来が真正なる時制として存在していないということです。

なぜでしょうか。なぜならその場合には未来はすでに可能態としてあらかじめ先取りされていたことになるからです。未来は単なる過去の継続になってしまうからです。言い換えれば、未来は過去の継続ではない新しさ、過去との切断において存在するものだということになります。

これが第四のステップです。未来が未来として認められるため、すなわち、未来がひとつの真正なる時制として認められるためには、未来は過去から切断された絶対的な始まりでなければならない。そして、過去からの帰結ではないそのような未来がひとつの時制として認められたとき、始まりを司る能力としての意志の存在が認められることになる。意志とはすなわち、過去との切断を意味します。

▼アレントにおける意志とギリシア

ややこしい議論のように思われるかもしれませんが、この定義は意志の日常的な用法に適合しています。「これは私の意志でやったことです」というのは、誰かに強制されたのでも、唆されたのでもないこと、したがって、その行為がほかならぬ私の意志を純粋な出発点としていることを意味するからです。

アレントが定義したとおり、意志は何ごとにも先行されない純粋な出発点と見なされます。これは言い換えれば、本当は遡れるはずの因果関係を意志の概念によって切断しているということです。

アレントもまた古代ギリシアに意志の概念がなかったことを強調しています。では、意志の概念はいつどこで誕生したのか。彼女は、キリスト教哲学、とくにパウロとアウグスティヌスが意志の概念の創始者であると言っています。たしかにキリスト教と意志の概念には強いつながりがあると考えられます。心のなかに絶対的な切断、絶対的な始まりがあるということは、心のなかで「無からの創造」が行われるということです。「無からの創造」とはキリスト教における世界の創造の考え方と一致します。言い換えれば、意志の存在を信じるためには、「無からの創造」という合理的には、あるいは哲学的には支持しえない考えを前提しなければならないということです。

アレントは古代ギリシアに強く傾倒していたことで知られています。アテナイの民主制を理想化するその思想はしばしば批判の対象にもなります。けれども、意志の必要性を説くために、アレントはみずからのギリシア愛を投げ捨てねばなりませんでした。なぜならば、ギリシアの思想は意志の概念に真っ向から反対するものであったからです。

彼女の学位論文はアウグスティヌスについてのものでした。つまり彼女は最初と最後にギリシアではなくアウグスティヌスのキリスト教哲学に向かっているのです。人生の真ん中だけギリシアに傾倒していたというのはハイデガーの影響なのかもしれません。ここにはまだ研究者たちによっても十分に解明されていないアレントのねじれがあるように思われます。

▼意志と責任の結びつき

さて、意志の概念はいま述べたようにある種の信仰を前提にしなければとても支持しえないものです。しかし僕らはそれを強く信じている。それはなぜか。意志の概念が責任の概念と切っても切り離せないほどに結びついているからです。では意志はどのようにして責任を発生させると考えられているのか。

意志の概念を使うと行為をある行為者に帰属させることができます。たとえば「ずいずいずっころばし」という歌では最後に「井戸の周りでお茶碗(ちゃわん)欠いたのだあれ」と歌われます。ある少年がお茶碗を割ったことが分かったとしましょう。「自分の意志でお茶碗を割ったんだな?」と訊ねられて、少年が「はい、そうです」と答えると、お茶碗を割った行為はその少年のものになります。そして少年に責任が発生する。自分に帰属する行為であるから、その行為にも責任があるというわけです。

しかし、実際には少年は母親にガミガミ叱られて腹が立ったのでお茶碗を割ったのかもしれません。そして母親が少年をガミガミ叱ったのは、少年の父親と夫婦ゲンカをしたからかもしれません。夫婦ゲンカになったのは父親が仕事で上司から責められてムシャクシャしていたからかもしれません。そうやって行為をもたらした因果関係はどこまでも遡っていくことができます。

しかしどこまでも遡っていくのでは誰にも責任がなくなってしまう。だから、意志の概念を使ってその因果関係を切断するのです。少年が自分の意志でやったとすれば、因果関係はそこでぷつりと切れて、少年に行為が帰属することになります。切断としての意志という概念は、行為の帰属を可能にすることで、責任の主体を指定することができるわけです。

僕らが意志の概念にこだわってしまうのは、このような責任のメカニズムがあるからです。意志の概念については誰でも疑うことができるかもしれません。しかし、このような責任のメカニズムがあるために、どうしても意志の概念への信仰を続けることになってしまうわけです。

▼ギリシアにおける行為と行為者の関係

ここまでは『中動態の世界』で詳しく論じたところです。あの本には「意志と責任の考古学」という副題が付けられていました。僕は意志の概念についてはあの本で相当深く論じられたと思っています。しかし責任の概念については十分な考察ができませんでした。

意志と責任というふうにふたつが並んでいると、両項が等価値に置かれていると思われるかもしれません。しかし僕はそのようには考えていません。意志の概念には大きな無理がありますし、それはさまざまな問題も引き起こしています。ですから僕はこれを徹底して批判しました。ですが、責任の概念は絶対に必要なものです。僕は責任を肯定する思想をつくり出したいと思っています。そこで肯定される責任の概念とは、意志という不完全で問題含みの概念に依存するのではない概念でなければなりません。ただ、その作業は『中動態の世界』では十分に行えませんでした。今回は新しい責任概念へと向かう準備作業のようなことをやりたいと思っています。またしても注目するのはギリシアです。

さきほど、古代ギリシアには意志の概念がなかったという話をしました。そうすると、ギリシアにも刑事罰のようなものをどうやって下していたのかという疑問が出てきます。ギリシアにも故意に行ったこととそうではないこととの区別ははっきりとありました。故意にやったことを「ἑκών（ヘコーン）」といい、故意ではなく行ったことを「ἄκων（アコーン）」といいます。

つまり意志の概念はなくても、たとえば殺人と過失致死とを区別する概念装置はあったわけです。ただし、意志の概念はなかったわけですから、ヘコーンは「意志的」という意味ではありません。ギリシア学者のジャン・ピエール・ヴェルナンは「ギリシア悲劇における意志についての試論（"Ebauches de la volonté dans la tragédie grecque"）」という論文のなかで、ヘコーンをフランス語の「volontairement」（英語の「willingly」）に翻訳することはできないと言っています。

たとえば、貪欲さや快楽の魅力に負けてやってしまった場合も「ヘコーン」です。また大変興味深いことに、動物の振る舞いもヘコーンといわれます。このように考えると、ヘコーンと「意志的」が重ならないことがよく分かると思います。

▼ギリシア悲劇における意志

このことは、行為と行為者の関係がギリシアにおいては、それを常に意志を通じてとらえようとする現代とは違う形で存在していたことを予想させます。ヴェルナンは上記の論文で、悲劇を題材にこの問題を考えようとしました。

意志について考えるうえで悲劇というのは非常に範例的です。悲劇では、主人公が何らかの運命に巻き込まれ、自分の思うとおりに行為できません。こうしたいけど、こうできない。あるいは、やってしまったことが思わぬ効果を持ってしまう。悲劇とは行為と行為者の関係が鋭く問われるジャンルであるわけです。

ヴェルナンはギリシア悲劇における行為と行為者の関係についてのいくつかの説を検討しながらこの問題に取り組んでいます。もちろんギリシアには意志の概念はないことが大前提であり、とりあげられる研究者たちもみなそれを共有しています。しかし、悲劇における行為と行為者の関係を解釈するにあたり、彼らのあいだには決定的に異なるニュアンスが見出されるのです。

最初に言及されるのは、ブルーノ・スネルというドイツ人の学者です。この人は僕の『中動態の世界』でも引いた人で、『精神の発見——ギリシア人におけるヨーロッパ的思考の発生に関する研究』という非常におもしろい本を書いています。そのなかでスネルははっきりと、ギリシアには意志の概念を表す言葉すらないと述べています。

しかし、どこかスネルには意志の概念を欲するところがあるようなのです。断固たる決断という心中の出来事こそが人間の行動の本質をなすという考えが、アイスキュロスのなかにはあらわれており、意志に連なる考え方がすでに古代ギリシアに胚胎しつつあったのだ──スネルはそのように述べるに至るからです。

ヴェルナンはそこで、アンドレ・リヴィエによるスネル批判を紹介します。ヴェルナンはリヴィエのこんな言葉を引いています。「スネルは作品内で働く超人間的な力、アナンケーをぼかしてしまっている。しかし、そのような力こそが悲劇を悲劇たらしめるものである」。悲劇について考えるときに重要なのは、人間が断固たる決意で何かをやろうとしても神的な運命によって翻弄されてしまうということです。それを抜きにして悲劇について語ることはできない。だとすれば、ギリシア悲劇のなかに、断固たる決意によって行動を生み出す人間のモデルがあるとするスネルの解釈は不十分だということになります。

リヴィエによれば、ギリシア悲劇において登場人物はたしかに葛藤の末に選択をするけれども、それはもともとひとつしかない道を選んでいるのです。だからそこに見出されるのは「選択なき決断」です。にもかかわらず人はその責任を取らねばならない。だからギリシア人にとっての責任とは「自らの意図から完全に独立した責任」だとリヴィエは言います。これこそがギリシア的な行為と行為者の関係なのだ、と。

ヴェルナンは、しかし、リヴィエの説にも満足しませんでした。というのも、リヴィエもまた、どこか「自立した人間」の像を救い出そうとしているように読めるからです。リヴィエもまた、スネルと同様に、ギリシア悲劇を読んでいるにもかかわらず、結局そこに近代的な自立した人間像を見て取ろうとしてはいないかとヴェルナンは指摘するのです。

▼人間的因果性と神的因果性という二律背反の両立

では、ヴェルナンはどう考えるのか。彼はある意味で非常にシンプルな定式を提示しています。

> 人間的因果性と神的因果性は悲劇作品の中で混じり合うことはあっても、混同されることはない。
> （「ギリシア悲劇における意志についての試論」）

僕はこのヴェルナンの考え方に強く心打たれました。単にギリシア悲劇の解釈にとどまらない、非常に広い射程を持った考え方がここにはあると思います。どういうことか詳しくみていきましょう。

神的因果性とはある種の運命のことです。人は運命に巻き込まれて行為させられる、あるいは、みずからの行為が思ってもいなかった効果をもたらしてしまう。つまり、神的因果性においては人は運命の被害者です。他方、人間的因果性とはその行為をその人間が為したことを指しています。つまり人間的因果性においては、人はある決定的な何かをもたらした加害者としてとらえられることになります。

ヴェルナンが言っているのは、悲劇における登場人物たちには加害者である側面と被害者である側面が混ざりあっているけれども、それらは決して混同されることなくその両方が肯定されているということです。一言でいえば、人は加害者であるが被害者であり、被害者であるが加害者であるということです。カント的にいえばアンチノミー（二律背反）であり、アンチノミーを構成する正反対の命題が両方とも肯定されているということです。

近代的な考え方は両者を肯定するという考えを認めないとヴェルナンは言います。神的因果性を認めることはその人を免罪してしまうことであり、人間的因果性に注目することはそれをもたらしたアナンケーと呼ばれる運命の力を無視することだと考えられてしまう。ところがヴェルナンによれば、ギリシア悲劇は不思議なことにその両方を肯定するのです。

それはたしかになかなか理解できないことかもしれません。おそらくはそれゆえに、リヴィエはアナンケーのほうばかりを強調し、スネルは人間的因果性のほうばかりを強調した。しかしヴェルナンは、ギリシア悲劇の強さはその両方が肯定されていることだと言ったわけです。

ヴェルナンはソフォクレスの「オイディプス王」におけるオイディプスの台詞（せりふ）を一例として引いています。オイディプスはダイモーンによって引き起こされた不幸（父を殺し、母を娶（めと）る）と自分が引き起こした不幸（目を潰す）とを同時に語ります。しかし、その一方を他方に還元しないのです。

コロス：おお、恐ろしいことをなされたお人、どうしてこのようにお目を損われた。いかなる神がそそのかした。
オイディプス：アポロンだ、友よ、アポロンだ、この、おれのにがいにがい苦しみを成就させたのは。だが眼をえぐったのは、誰でもない、不幸なこのおれの手だ。なにとて眼明きであることがあろう、眼が見えたとて何一つ楽しいものが見えぬおれに。
（「オイディプス王」、『ギリシア悲劇Ⅱ　ソポクレス』）

自分はたしかに事を為した。しかし、たしかにそれを強いる力が働いていたのであり、自分はそれを強いられたのだ。だが、たしかに自分は事を為したのである。私は加害者であるが被害者であり、被害者であるが加害者である。これがアンチノミーの両項を肯定するということです。被害者／加害者というのは僕が持ってきた言葉であり、ヴェルナンのものではありません。しかしヴェルナンの指摘はそのように言い換えられると思いますし、そう言い換えることで行為者と行為の関係、そして責任について多くのヒントを得ることができると思います。

▼意志と罪

僕は実はヴェルナンの論文を読んだときに、『プリズン・サークル』という映画のことを思い出しました。これはかつての厳罰主義とは違う新しいプログラムが導入されている刑務所を取材して撮られた映画です。そこでは受刑者同士の対話をベースに犯罪の「原因」を探りながら、その更生を目指す「ＴＣ（Therapeutic Community＝回復共同体）」というプログラムが導入されています。受刑者たちは自分たちが犯罪を起こすに至るさまざまな経験を共有していきます。それはいわば神的因果性の被害者としての自分を見つめることです。それが、最終的に、人間的因果性においてとらえられた加害者としての自分を見つめることにつながる。ここにはヴェルナンがギリシア悲劇に見ていた、神的因果性と人間的因果性の同時肯定が見出せるように思われるのです。

また、最近注目されている当事者研究にも同じ思想を見出せるように思います。当事者研究に注目し研究を続けている熊谷晋一郎さんは、北海道浦河町（うらかわちょう）の「べてるの家」で始まったこの営みを、「障害や病気をはじめ、様々な困りごとを抱えた本人が、その解釈や解決を専門家や支援者に丸投げするのではなく、類似した困りごとを抱えた仲間とともに、研究していく取り組み」と定義しています（熊谷晋一郎「強いられる他者の理解」「at プラス」第三一号）。

たとえばどうしても問題行動を繰り返してしまう人がいる。その人に対し「なぜこんなことをしたのか」と叱責するのでも、専門家がその人を診断して病名を与えるのでもなく、問題行動を起こした本人が自分について研究するのが当事者研究です。そして当事者研究においては、「外在化」といって行動を一度単なる現象としてとらえることが重要だといわれています。それはつまり、行動を神的因果性においてとらえるということです。

神的因果性においてとらえるということは、その人を免責することです。つまり自分がやってしまった問題行動をひとつの現象として客観的に研究するのです。そうすると、不思議なことに、次第にその人が自分の行動の責任を引き受けられるようになるのです。つまり一度、神的因果性において行為をとらえることで、人間的因果性への視線が生まれるわけです。

▼責任と帰責性

みずからを加害者としてとらえられるようになるとは、加害者としての責任を心から感じるということです。責任とはそうやってみずからの心のなかで感じるものです。責任は英語で「responsibility」であり、「response」つまり応答に由来します。加害者の責任とは、みずからがもたらしてしまった被害と被害者に対して、自分が応答しなければならないと心から感じることです。

ここまでお付き合いいただいたみなさんには、このように描かれる応答としての責任が実に中動態的であることにお気づきになると思います。責任とはある人の心を場として発生するものです。だから「中動態の概念によって意志の概念が否定されるから、中動態に注目することは責任を否定することにつながる」というのは完全な誤りなのです。逆です。中動態に注目することによってこそ、責任を考えることができる。なぜならば責任の発生を描くことのできる言葉は中動態であるからです。

ここでひとつの概念の対を提示しておきたいと思います。それが「責任 responsibility」と「帰責性 imputability」です。後者の英単語はあまり聞き慣れないかもしれませんが、英語の impute という動詞に由来する名詞で、この動詞は「罪や欠陥などをある人に帰属させる」ことを意味します。

僕らは責任について論じながら、いつもこのふたつを混同しているのではないでしょうか。帰責性は社会にとってとても大切なことです。それは引き起こされた罪の帰属先を確定することであり、法律の根幹をなすといってもよい考え方です。しかし、帰責性と責任は同じではありません。帰責されたからといって、その人が責任を感じるとは限らないのです。

僕らは意志の概念を使って帰責することが責任の概念のコアであると信じ切っています。しかし、「これは君が自分の意志でやったことだから、君の責任だ」というこの論理のいったいどこに応答があるでしょうか。どこにもありません。むしろこの論理が示しているのは、応答するべき人間が応答しないから、仕方なく、意志の概念を使って無理矢理に責任を押しつけているということです。つまり、意志と結びついた責任の概念というのは、一種の堕落した責任概念なのです。

この堕落した責任概念のために、僕らは責任と帰責性をうまく区別できなくなっています。責任と帰責性を区別することで、この堕落した責任概念を払い除け、応答としての責任そのものを概念化することができるのではなかろうか。それが僕がいま考えていることです。

▼責任から利他へ

中動態においてとらえられた応答としての責任。これは中国由来の概念である義に近いものではないかと思います。義について考えるときに僕がいつも思い出す話があります。それが新約聖書に出てくる「善きサマリア人の譬え話」です。

あの譬え話のなかでサマリア人は、身ぐるみを剝がされ、半殺しの状態で地面に横たわっている旅人を気の毒に思い、介抱するだけでなく、宿につれて行って宿代まで支払います。この人物は旅人を前にして何か応答しなければならないという気持ちを抱いたのです。

ここには責任の原初形態とでも呼ぶべきものがあります。まさしく義の心です。

　この譬え話から眺めたとき、意志の概念によって人に押しつけられる「責任」のなんとみすぼらしいことか。「責任」と口にしたときにこんなものしか思いつくことができない現代の僕らはなんと貧しい思想の持ち主であることか。

　利他はこのサマリア人が感じたような義の心をひとつのモデルにできると思います。それは中動態においてとらえられる応答としての責任であり、帰責性からは区別される責任なのです。

第五章　作家、作品に先行する、小説の歴史

磯﨑憲一郎

磯崎憲一郎（いそざき　けんいちろう）

一九六五年、千葉県生まれ。小説家。東京工業大学科学技術創成研究院未来の人類研究センター及びリベラルアーツ研究教育院教授。早稲田大学商学部卒業。『肝心の子供』（河出書房新社）で文藝賞を受賞しデビューしたのち、『終の住処』（新潮社）で芥川賞受賞。主な著作に『赤の他人の瓜二つ』（講談社、東急Bunkamuraドゥマゴ文学賞）、『往古来今』（文藝春秋、泉鏡花文学賞）、『日本蒙昧前史』（文藝春秋、谷崎潤一郎賞）など。

▼偶然の出会い

僕が小説家になった一つのきっかけは、中学生時代に北杜夫さんの小説を読んだことですが、その北杜夫さんご本人と、実際にお目にかかったのは偶然の出来事でした。二〇一〇年の正月に、世田谷区の梅ヶ丘を保坂和志さんと二人で散歩していたときにたまたまお会いして、そのままご自宅に招き入れてくださいました。

その後改めてご自宅を訪れ、北さんと奥さんと、お嬢さんの斎藤由香さんと四人でお寿司を食べながら話をしました。このとき、奥さんも斎藤由香さんも「父は忘れられた作家ですから」とやたらと言うのです。けれども、僕のように北杜夫から小説の世界に入った作家や編集者が、今も大勢いるんです、というお話をしました。僕は中学二年生のときに、初めて『楡家の人びと』を読んだのです。

その『楡家の人びと』についても北さんに話を聞きました。この作品は北さんのご実家の青山脳病院が舞台で、父・斎藤茂吉をモデルにした「徹吉」という登場人物が出てきます。戦争中、子どもたちは学徒動員で勤労奉仕をさせられているのに、徹吉は避暑で滞在中の箱根で後ろめたい思いを抱きながら桃を貪り食う。そんなシーンが、不思議に印象に残っています。しかし、北さんは、実際の斎藤茂吉は、自分にとってはとにかく怖い父親以外の何者でもなかった、というようなことを教えてくれました。

ご高齢にもかかわらず、北さんは、ご自身の小説についてはとても詳しい話をしてくれたのです。これなら文芸誌での対談も可能なのではないかと思った。そこで、どくとるマンボウシリーズのようなユーモアエッセイの書き手ではなく、『楡家の人びと』をはじめとする、北杜夫の小説にフォーカスした対談の企画を文芸誌で立ち上げてもらいました。その準備として、久しぶりに北さんの作品を読み返してみたのです。

▼三十年後の驚き

たとえば、「谿間（たにま）にて」の台湾の森の中の描写に、次のようなものがあります。

> そのとき梢（こずえ）をとおし、この空地にもはじめて朝の光がさしこんできた。北回帰線間近の、純粋な、力にあふれた、万物を活気づける光線である。同時に幾匹かのタテハチョウが林の梢に乱舞を開始するのが見えた。彼は網の柄（え）を握りなおし、上へむかって歩きだした。

> トドマツの密林の中は苔（こけ）の匂（にお）いが満ちていた。原始林には畏怖（いふ）を誘う一種特有の気配がある。その鬼気にちかいものを彼は感じた。自分が一人きりだということをも。そんなことは生れて初めてのことであった。すべてが生れてはじめてで、同時に莫迦げきっているように思われた。
>
> （「谿間にて」、『夜と霧の隅で』）

これを読んだときに、僕はびっくりしました。僕は中学生のときに北杜夫をたくさん読みましたが、以降ずっと北杜夫を読み続けてきたわけではありません。にもかかわらず、たとえば「北回帰線間近の、純粋な、力にあふれた、万物を活気づける光線」や、「その鬼気にちかいものを」、「自分が一人きりだということを」といった、自然への外向きの視線や、語り手自身を少し突き放すような感じが、僕のデビュー作である『肝心の子供』の、ブッダが冒頭部分で馬に乗って山を登っていくシーンにそっくりだと思ったのです。

> 動かない静かなそれは、冬枯れの色のない背景に同化して、固まってしまったようにも見えたが、すると一瞬、するどく首を回して、くちばしを百八十度まで開いた、桃色の口腔の奥まで見せつけるというひとつながりの動作だけで、焦点とそのまわり

の背景を反転させてしまった。もちろんありえないことなのだが、一羽の鳥の口の中に、冬の朝の渓谷というこの空間ぜんたいが入り込んでしまったかのような、そんな馬鹿げた印象をブッダに与えた。

（『肝心の子供』）

ずっと北杜夫を読み続けてきて、それに影響を受けて作品を書いたのであれば分かるのですが、北杜夫の小説は、正直な話、ここ三十年余り読んでいなかったわけです。それなのに、自分が書いたデビュー作と、北さんの作品から似た印象を受けたことに、僕はとても驚きました。

▼作家は歴史に投げ込まれる

一人一人の作家がそれぞれの時代にいて、彼らが残した作品を後から振り返ってみると、ある種の小説の歴史がつくられている、と一般的には思われています。まず谷崎潤一郎や川端康成、三島由紀夫といった作家がいて、彼らの書いた作品が、あとから小説の歴史をつくる。

けれども、僕は北さんの小説に自分の作品が似ていることを感じたとき、実はそうではない、その逆なのではないかと思いました。小説の歴史や流れのようなものがまず先にあって、そこにたまたま一人の作家がデビューし、作品を書き始める、そしてある時期が来たら舞台からは去って、次の世代の作家にバトンを繋いでいくように思えたのです。まず作家ありき、作品ありきではなく、先行して存在する小説の歴史や系譜の中に、あとから作家が入り込む、もしくは投げ込まれる。作家の意図を超えたところに、系譜のようなものが現れてくる。そんな気がしてきました。

もちろん小説家が原稿に向かっている最中は、ただ目の前の作品を仕上げることに全力を集中しているだけで、歴史や系譜など意識することはないのですが、そうやって完成した作品の連なりが、結果として連綿と続く小説の歴史に奉仕するための仕事になっている、ということは、未来の人類研究センターの研究テーマである「利他」という問題とも無関係ではないような気が、僕はしています。

次に、『羽蟻のいる丘』（北杜夫著）という短編の冒頭部分をご紹介します。

> 黒土の匂いと草の芽の匂いと、それらとごっちゃになった陽光の匂いがした。その匂いを嗅ぐみたいな恰好で、蟻たちは細い触角をうごかした。目立って大きな羽の生

えた蟻、いくぶん小さ目の羽のある蟻、それから羽のない無数の蟻たちも。

（中略）

すると、その息がかかったのか、一番大きな羽のある蟻が彼女のほうに頭をむけた。その冷いこわばった、無表情な蟻の顔が、いくらか彼女を不安にした。女の子はすこし頭をずらし、助けを求めるように、単調な幼児の声で母親に呼びかけた。

（『羽蟻のいる丘』）

お母さんとその子どもが公園で遊んでいる、そのお母さんはある男性と不倫関係にあるのですが、その小説の冒頭部分です。子どもが丘で蟻を見ているのですが、蟻が人のほうに「頭をむけた」なんていうことは、現実には分かるわけがありません。分かるわけがないんですが、一方で、ここでは蟻を象徴としては書いてない。つまり蟻を蟻として書いていて、こういうところも私、磯﨑憲一郎の小説に似ているように思いました。

▼『楡家の人びと』に描かれた「大げささ」

北さんの代表作である『楡家の人びと』について、三島由紀夫は、「これほど巨大で、しかも不健全な観念性をみごとに脱却した小説を、今までわれわれは夢想することもできなかった」と絶賛しています。

『楡家の人びと』のモデルとなった青山脳病院は、今の国道246号沿いにあたる、青山通りの裏側というか、根津美術館の手前辺りの位置にありました。その巨大な青山脳病院の建物を描写した部分をご紹介します。

> それはあきらかに幻の宮殿であり、院長基一郎の測りがたい天才のもたらした地上の驚異そのものなのであった。円柱は白く、高貴に、曇り空の下にもどっしりと連なっていた。尖塔（せんとう）は怪異に、円塔はそれを柔らげて、写真だけで見たことのある異国の風景さながらにそそりたっていた。屋根の上には塔ばかりでなく、いくつもの明りとりの窓が、それぞれ独立した屋根をつけて突出していた。もともと屋根裏部屋の天窓なのであろうが、楡病院にかぎりこれは純然たる飾りなのである。全体を一瞥（いちべつ）して、もっとも人目を惹（ひ）く柱廊（ちゅうろう）のあたりに注目すれば、これはスペインルネッサンス様式の建物だとある人は説明するであろう。しかし彼とてもまた、少し視野をずらせば、全体の統一を破るふしぎな突出、奇妙なふくらみ、なんといってよいかわからない破

天荒の様式に目をやったとき、どうしたってその既成の知識の混乱と絶望のなかに匙(さじ)を投げ捨てたことであろう。なかんずく龍宮城を髣髴(ほうふつ)とさせる時計台に至っては……。

（『楡家の人びと』）

「あきらかに幻の宮殿」、「地上の驚異」、「異国の風景さながらにそそりたっていた」というように、とにかく大げさなのです。一九〇七年頃の青山脳病院の写真を見ると、実際にそういう建物ではありました。ただ見た目にも張りぼてのようだったらしく、うそくさく見かけ倒しだ、ということが『楡家の人びと』の中でも書かれています。

楡病院は正面こそ、人目につく表のほうこそたしかに類のない偉容を誇っていたが、裏手のほうはかなり安っぽく粗末になっていることであった。更に打明けていえば、コリント様式を模した一抱えもある円柱にしても、人はこれを当然大理石と見るであろうが、実は基一郎の発明ともいえる人造石なのであった。大半がコンクリートで、しかしこれを丹念に磨(みが)かせると大理石そっくりの光沢がでるのだ。だが、それはまあいい。まったく信じがたいことに、その円柱は、といって人造石の集積でもなかった。

芯は正真正銘の木材にすぎなかった。木材の上に薄く人造石が貼りつけてあるというのがまぎれもない真相なのであった。そして巨大な円柱ばかりでなく、この天才的な見かけ倒しの精神は、堂々として人目を奪うこの建物すべてをおおいつくしていたのである。

（同前）

▼ガルシア＝マルケス以前のマジック・リアリズム

こうした大げささ、過剰さ、うそくささ、あるいはユーモアと真剣さを平然と並置している感じ、これはマジック・リアリズムなのではないかと思うのです。もともとマジック・リアリズムは、ドイツの小説家エルンスト・ユンガー等に対して二十世紀の前半に使われ始めた言葉なのですが、実際に世界に広まったのは六〇〜八〇年代にかけての中南米文学ブームがきっかけでした。

マジック・リアリズムというと、まずガブリエル・ガルシア＝マルケスの『百年の孤独』が思い浮かびます。ただ、『楡家の人びと』が書かれたのは一九六二〜一九六四年。『百年の孤独』が現地で出版されたのは一九六七年で、日本で翻訳が出たのは一九七二年。安部公房や大江健三郎に絶賛されますが、その後一九八二年にガルシア＝マルケスはノーベル文学賞を受賞します。

しかし『楡家の人びと』を読むと、時代的には『百年の孤独』よりはるか以前に、北杜夫がマジック・リアリズムに通じることをやっていたようにも思います。僕もガルシア＝マルケスは一番好きな作家なのですが、そういう観点からも、初めて読んだ小説が北杜夫だったということに何か宿縁めいたものを感じてしまいます。

『百年の孤独』はビル・クリントン元米大統領の愛読書でもあります。彼はこの本について「ウィリアム・フォークナー以降、あらゆる言語で書かれた小説のうちで最も優れた作品だ」と言っています。モニカ・ルインスキーとの不倫事件があっても大統領を辞任しなかったビル・クリントンが、こういう小説を一番の愛読書としているという点は、僕にはとても腑に落ちます。どんなにめちゃくちゃなことが起こってもこの世の中全体が存続し続けることだけは肯定する、という世界観。いかにもクリントンが好きな小説らしいですよね。

▼小島信夫と保坂和志、作家の系譜

小説家の系譜という話に戻って、次に小島信夫の話をしたいと思います。小島信夫は、保坂和志さんが傾倒した小説家です。

実は、僕が小説を書くことになったのは、明確に、あるきっかけによるものでした。そのきっかけというのは、保坂和志さんという小説家——今でもしょっちゅう連絡を取りあっている小説家の先輩ですけど——から書くことを勧められたということでした。

商社の駐在員として、一九九八年に僕がアメリカに行く直前、たまたま書店で保坂和志さんの芥川賞受賞作『この人の閾（いき）』を手に取りました。本当にたまたまの典型のような出会いでしたが、「この保坂和志という人の書く小説は変わってるな、面白いな」と思って、順番に彼の著作を読み進めます。この人の書くものを全部読んでみようなどと思ったのは、中学生のときの北杜夫以来でした。

そうして僕がアメリカに行った約二年後、二〇〇〇年に、保坂さんがホームページを立ち上げます。二〇〇〇年頃のインターネットですから、ＳＮＳなどはなく、多くの人がやり取りをする場としては掲示板が主流でした。掲示板にみんなが好きなことを書き込んで、保坂さんもときどき返事をしてくれる。僕もアメリカから、いち保坂和志ファンとして書き込んだりしていました。

僕は二〇〇二年の夏に一週間ほど休暇をもらい、家族で日本に帰国することになりました。保坂さんにその旨を伝えると「じゃあ何人かで集まろう」と、いわゆるオフ会が開催されることになりました。僕は、そこで初めて保坂和志さんと会うわけです。

本物の小説家と会うのはそのときが生まれて初めてでした。しかしそこで文学談義をしたわけでもなく、二十人くらいで飲んで食ってカラオケ行って別れるという、その程度だった。ただ保坂さんはどうもそのときに感じたものがあったようで、「お前、アメリカに行って面白い経験をいろいろしているんだろうから、今度出す自分のメールマガジンに、ちょっと短いエッセイでも書いてくれよ」という。僕はそれを軽い気持ちで引き受けて、アメリカに戻ってからメールマガジン用の短いエッセイを書いて送りました。すると保坂さんからすぐに「お前、これはちゃんと小説に書き直さなきゃ駄目だ」と返事が来る。何かそういうふうに保坂さんから言われると、そうしないといけないのかなと思って、メキシコに家族で旅行したときの経験を書いた、百枚ほどの小説を保坂さんに送りました。

すると保坂さんはまたそれをすぐに読んでくれて、「お前はなかなか面白いものを書く。でも、これではまだデビューできない」という返事が来ました。これではまだデビューできないと言われると、じゃあもう一回書かなきゃいけないのかなと思って書いたのが、先ほども触れた『肝心の子供』という、ブッダとその子どもと孫の話です。

保坂さんに小説を書くことを勧められたのをきっかけに始めるからには、保坂和志に認められなければ作家としてデビューしてはいけない、当時の僕は、保坂和志というハードルを自分に課していたように思います。保坂さんが選考委員をしていた文藝賞に応募しました。そこで僕は、小説家を目指してきたわけでもない、普通に会社員として生きてきた人生からすると、まったく唐突に、作家としてデビューすることになります。

▼小島信夫の強烈さ

ところで僕の誕生日は、小島信夫さんと同じ、二月二十八日なのです。僕が生まれた一九六五年の二月二十八日に、小島信夫は五十歳になっている。俺が生まれたとき、小島信夫はすでに五十歳だった、というのはすごくはるかな感じがします。そんな思いを抱きながら、二〇〇五年の夏に、青山ブックセンターでの保坂さんと小島さんの対談を聴きに行きました。

そのとき、小島信夫はすごいと思った。というのも、彼は自分の作品について話しながら泣いたのです。当時、おそらく認知症もある程度進んでいたと思いますが、講演中に嗚咽してしゃべれなくなった。会場中が凍りついた、静まり返ったのを覚えています。

小島信夫が世に出たとき、彼は「第三の新人」の一人とされていました。吉行淳之介、遠藤周作らとともに、山本健吉が分類した「第三の新人」のなかの一人に入れられていたのですが、小島さんの作品は初期の頃から一括(ひとくく)りになどできないほど、異常でした。

小島信夫の名前を世に知らしめたのは、江藤淳ということになるのでしょう。江藤が小島信夫の『抱擁家族』を高く評価したことによって、小島信夫の作家としての地位が定まったところがあります。たとえば芥川賞受賞作の『アメリカン・スクール』の文庫本の、江藤淳による解説に次のようなものがあります。

> 小島氏のシンボリズムの特徴は、シンボルそれ自体が妙になまなましい実在感を持っていて、それが作者特有の肉感的な描写でこまかく描きこまれているというところにある。（中略）作家がシンボリズムを用いるのは、いうまでもなく直接描写できないもの、あるいは**もの**として実在しないものを表現するためであろう。換言すれば象徴の背後には一種の内面的な闇、あるいは沈黙があり、（中略）
> 年上の女に可愛(かわい)がられる男、というモチーフと並んで、小島氏の作品系列に一貫しているもうひとつのモチーフは「アメリカ」という主題である。

（小島信夫著『アメリカン・スクール』、一九六七年発売の文庫版、江藤淳解説）

▼江藤淳のクリア過ぎる整理

江藤淳は、象徴やシンボリズムという斬り口から小島作品を評価していきます。『アメリカン・スクール』における「可愛がられる男」というモチーフと並んで、小島氏の作品系列で一貫している「アメリカ」という主題は、『抱擁家族』につながっていきます。『抱擁家族』が書かれたのは一九六五年ですが、これを大きく取り上げた江藤淳の『成熟と喪失――〝母〟の崩壊』が出たのが、二年後の一九六七年。江藤淳が東京工業大学で教鞭を執る数年前です。

江藤淳の評論は、確かに切れ味が鋭い、クリアに言い切る。『成熟と喪失』の中で、『抱擁家族』の三輪俊介という主人公に関して彼は次のように書いています。

> 換言すれば俊介にとっての妻は、なによりも先に「母」の変身したものであり、彼にとっての「楽園」は「母」である妻を中心に「子供」たちがいるような世界である。（中略）俊介は無意識のうちに、妻とのあいだにあの農民的・定住者的な母子の濃密

な情緒の回復を求めている。（中略）妻はここでは「他人」ではなく、いわば姿を変えてあらわれた「母」だからである。（『成熟と喪失──〝母〟の崩壊』）

これはとても腑に落ちる評論で、『抱擁家族』のもっとも重要な点をピンポイントで指摘していることは間違いない。その一方で、僕のような小説の書き手からすると、その重要な点を指摘することによって、『抱擁家族』という作品を周囲から支えているもの凄く重要な要素が全部抜け落ちていくような、もやもやしたものを感じてしまう。小島信夫という人があああいう変な作品を書き続けた得体のしれない部分を、江藤淳は鮮やかに、クリアカットに整理し過ぎている感じがします。

▼三島由紀夫が「気味悪い」と言ったもの

小島の『アメリカン・スクール』は、十年ほど前に新潮文庫で新装版が出たのですが、面白いことに、江藤淳の解説を残しながら、さらに保坂さんが解説を書いています。保坂さんはご自身のホームページで、小島について次のように述べています。

小島信夫は語りにくい。なぜなら、読んでいるという行為・時間の中に圧倒的に面白さがあるからだ。三島由紀夫や大江健三郎は読み終わった後にいろいろ言うことができる。書く以前に作者としての意図を強く持っているからだ。ところが小島信夫にはそれがない。だから三島由紀夫は小島信夫の小説を「気味悪い」と言った。

僕からすると、こちらの解説にある「気味悪い」というのはすごくよく分かります。三島は深沢七郎のことも気味悪がったらしいです。

ここでもう一つ、小島さんの「馬」という作品を紹介したいと思います。「馬」というこの作品は、途轍(とてつ)もなく変な小説です。これは『抱擁家族』の原型になった作品で、主人公の奥さんの名前も、同じ「トキ子」となっています。小島信夫は、「馬」を書いたことで、『抱擁家族』を書けたのだと思います。

この作品はまず、主人公の「僕」が夜、自宅に帰ってくると、庭に材木が積み上げられていた、という場面から始まります。

僕はくらがりの石段をのぼってきて何か堅いかたまりに躓(つまず)き向脛(むこうずね)を打ってよろけ

た。僕の家にこんな躓くはずのものは今朝出がけにはなかった。今朝出がけではなく、今まで三年何カ月のあいだにこんな障害物はなかった。これはいったい何であろうと思ってさわって見ると、材木がうず高くつんであるのだ。それに手ざわりによるともうその材木には切りこみさえしてある。僕の家の敷地に主人である僕に断りもなしにいったい誰がこんな大きな荷物を置いて行ったのか。それにしても材木は家を建てるべき材料だから、誰かがこれで以て家を建てるにちがいない。家を建てるとすれば、ここから五粁も六粁もはなれたところに建てるはずがない。建築者はこの近所に住んでいるのか、住もうとする人にちがいはない。いったいその本人はどこの誰で、何のために僕の家の敷地に置かねばならないのか。

（「馬」、『アメリカン・スクール』）

家に帰ってきて材木が積まれていて驚いた「僕」は、奥さんのトキ子に聞いてみます。

　ことがらの意外さに僕は向脛の痛みも忘れかけていたが、妻のトキ子の姿を見るに及んで急に痛みがよみがえってきたのには、またおどろかされた。たぶん長年の習慣で、どんな痛みにしろ、トキ子の姿を見ると生き生きとしてくるのかも知れない。僕の歯の痛みにしろ、心のすみのウズキにしろ、トキ子の日常的な姿を見ると、とたんにこんなぐあいに自分でもおどろくほどよみがえってくる。これはそもそも僕がトキ子との結婚に入るさいに、愛の告白をしたときからはじまっている。僕は義理がたい男なので、もう十数年のあいだ、この貴重にして悲しむべき言質（げんち）を一旦（いったん）とられてしまったために、（残念なのは、思い出して見るに、トキ子が直接僕に愛の告白をしたことは一度もない。彼女は映画に誘ったり、ケーキを御馳走（ごちそう）してくれたり、淋しそうにしていた僕に接吻を許したりはしたけれども）以来、僕はトキ子に云いたいことがいっぱいあるにもかかわらず、いつもトキ子の方が僕に云い分があると思っているのだ。

（同前）

「僕」はトキ子に、なぜこんな材木がうちに積んであるのか、詰問します。そうすると、信じがたいことに、トキ子はこう答えるんです。

　僕は脛をさすりさすりトキ子に詰問（きつもん）した。
「誰におかせてやったの」

「さあ、何といっていいかしら、誰にもおかせてやらないわ」

「すると、これはどういうことになるの」

「私が置かせたのよ」

「そう、誰が建てるの」

「そりゃ、あなたよ」

　僕は今までトキ子にはおどろかされつづけであるが、自分の建てる家のことを自分で知らないということには、まったく闇夜に鼻の先きをつままれたような、一方的なかんじを受けざるを得ない。

　それでは僕が建てるというのは、世の中にはふしぎなこともあるのだから分るとして、さて、誰が住むのだ、たぶん名義だけにして何かトキ子が企んでいるのかと思って、つきつめると、

「住むのはあなたよ」

　と答え、そのさまが無邪気でさえある。


（同前）

応答がめちゃくちゃです。家を建てる材木が積まれていて、誰が建てるのかを聞いたら、

あなたが家を建てるんだ、と言われる。誰が住むんだと言うと、それはあなたよ、という。

この冒頭からすでにそうなんですが、語り手あるいは主人公に強い受動性があって、それが逆に小説の推進力の強さにすり替わっている。これは小島さんの小説の特徴でもあります。

▼すぐ傍に立っていた「トキ子」の異様さ

それでこの新しい家は、主人公が知らない、なぜ建てるのか理由もよく分からないうちにどんどん建っていってしまいます。主人公はお金を稼がなければいけないので、毎日通勤するんですけれども、そのときに彼には次のようなことが起こります。

　走りつつふりかえると、僕の家が僕の方を見ている。この家が建つ時、しらじらしさに憎(にくし)みさえしたものだ。間借りの部屋を出て省線で四十粁も先きから通勤していたのだが、N駅とH駅との中間で速力をまして走る電車の窓から、僕は他人を押しのけて、ガラス越しに、はるか千五、六百米(メートル)かなたの北斜面に出来かかっている我が家の動静をうかがったものだ。その家は僕の心を裏切り、トキ子が建築の運びに至らせたのだが、僕は次第に出来あがって行く我が家を毎日眺めていたのだ。

僕はもうどの位出来あがったかということではなくて、今日も立っているか、まだ立っているか、それを見るために、毎日窓に鼻をおしつけていたのだ。その家の見られるのは、ほんの二秒間。そのあいだに僕は見てしまわなければならない。だから駅を電車が出ると僕は座席から立ちあがってしまい、窓をふいて用意しているのだ。

（中略）

例によって電車の中からその二秒間に注意を集めていると、何か僕の直ぐ横でやはり僕と同じように僕の家の方を眺めている者がいる。ところがなんとそれがトキ子で、トキ子はそっと僕のあとをつけてこの電車にのりこんで僕を監視していたのだと見える。その時には既に家は出来あがっていたのだが、僕は一週間もそのことをトキ子に告げてはいなかった。僕のこのハカナイりょうけんを見破られてしまった。それをさいごととして、僕はトキ子の強い不信を買い、愛情の不足を詰られたあげく、さるところに人質同様にアルバイト勤めをすることで、金を払わせられたのだ。　（同前）

ここで異様だと思うのは、毎日、家が出来上がっていく様子を電車の中から窓越しに眺めていて、あるときふっと隣に誰かいると思ったら、それが自分の奥さんだったという、この気持ち悪さ。ここは「げー、嘘だろう、気持ちわりい」と思う場面です。

こうして家の建築がどんどん進んでいく、主人公の戸惑いとは関係なく、家はどんどん出来上がってしまいます。


さて僕が石段を足音しのばせてのぼりきって、土台の上にのせられたトキ子の第二次計画の家をのぞみ見た時、僕は自分の眼をうたがわざるを得なかった。僕がトキ子から聞いたところによれば、そこにはささやかな十畳ばかりの部屋がつつましやかにその骨組をさらしている筈だったのだ。しかるにそこに建っているのは、二階屋なのだ。二階屋も二階屋、北斜面からのぼってきた僕の眼には、かなしくなるほどキゼンとそびえて見えるのだ。いったいこれはどうしたことであろう。大工がまちがえてトキ子がそれを知らぬ顔でいるわけもないから、これはトキ子の計画にちがいない。トキ子の計画だとすれば、それは僕の計画でなければならぬ。しかるに……

いつもいつも何か論理がつまずいてしまって僕が茫然(ぼうぜん)として立ちすくんでしまわねばならぬのは、要するにトキ子が主人であるのに、まだ僕が主人であると思いまちがえていることによるのかも知れない。

「トキ子、トキ子！」

僕はあれ狂う犬のように叫びながら、家の中へかけこむと、

「あ、あれは、だれのす、すむ部屋だ、あの二階のことだ」

「あなたが住むのよ」

「じ、じょうだんでしょう。ぼ、ぼくはいやだよ」

僕は半泣きになってそうわめくと、いつになく化粧すがた初々しいトキ子が、僕の吠える声などには頓着なく、かねて僕をわなにかけようと待ちかまえていたのか、かん酒をはこんでくる。これではまるで待合政治ではないか。酒はいかん。酒はいかんぞ。汚職ではないか。いや汚職といい条（じょう）、この汚職によっていったい誰が損をし何が汚れるのか。


（同前）

▼「これは馬小屋にするんでしょう?」

小さい小屋か何かが建つかと思っていたら、大きな二階建てが建ち始めるのですが、その先には、さらに異常なことが続きます。

ところがそうして見ているうちに、トキ子がとつぜん棟梁に向って、

「さあこれどうなるのかしら、何だかこの部屋おかしくない？」

と云うと相手はけげんな顔をして、

「ダンナこれは馬小屋にするんでしょう？」

と答える。

僕は、トキ子のことを「ダンナ」と呼んでいるのにもおどろいたが、「馬小屋」ときいてぎょうてんした。

「そうだったかしら」

「ダンナは、ちゃんとそうおっしゃったし、ちゃんと図面はそうなっていますよ」

「そんなはずはないんだけど、でもそうならそれでもいいわ、馬小屋にしましょうよね」

（中略）

僕はトキ子がこの時ほど自分から遥かなところへ去ってしまったとかんじたことはない。しかし僕の住むべき二階の、その階下の部屋が、誰かの間借人に貸すのならと

もかく、馬が入りこむというのはどういうことになるのか、さっぱり見当がつかないし実感が伴わないので、ただぼんやりと進行状況を見ているのみだが、折も折、僕の家の高台から焼跡をこえておよそ百米ばかりはなれた道を、今日も駄馬が通って行く姿がふと目に入った時に、急に馬の実体がよみがえってきて、僕はいままでかくれていた柿の木の蔭からとび出して行って、いきなり棟梁をなぐりつけようとした。僕がトキ子に立ち向わずに棟梁の背中に向って突進したということが既におかしいことだが、それは僕がトキ子に対して暴力をふるうことが出来ないという習慣的な事情のためなのだ。

（同前）

トキ子は新しい家を馬小屋にすることを簡単に受け容れてしまう。そして実際に馬小屋を建ててしまうわけです。しかも、その馬小屋には、エアコンや本棚といった至れり尽くせりの設備が次々に整えられていく。

結局、何が起こっているのか分からないままに、主人公は精神科病院に入れられてしまいます。そこから抜け出して、何とか新しい家の主人である馬を追い出そうとして、馬に飛び乗るのですが、すぐに馬から振り落とされてしまう、そこへ奥さんが近寄ってきて、初めてそこで夫への愛の言葉をささやく、ということでこの小説は終わります。

▼夢の中での無力感がもたらすエネルギー

僕はこの「馬」は、小島作品の中でも特に面白い小説だと思うのですが、この作品から非常に強く感じるのは、夢の中で感じる無力感です。

睡眠中に見る夢では、たとえば中学生時代の受験生に戻っているとすると、一所懸命に学習塾に通おうとしたりするでしょう。「俺はもう受験生じゃないんだから、塾になんて行かなくていいんだ」とは思わずに、とにかく与えられた状況に真摯に、真剣に対応しようとしてしまう。僕は、この夢の中の無力感が、「馬」という小説に満ち満ちている何でもありの感じ、全能感に通じているような気がしてならないんです。

やはりここから思い出さざるを得ないのは、フランツ・カフカです。カフカの『変身』でも、主人公のグレゴール・ザムザが朝起きると、自分が巨大な虫に変わっているということに驚きつつも、次にやろうとしたことは、虫の姿のまま会社に出勤しようとしたことでした。早く会社に行かなければ遅刻するといって焦り、駅に向かおうとする。そういうところも、夢の中の無力感、あるいは小説の全能感に通じているような気がします。

『変身』はしばしば、不条理小説とか悪夢的とか言われますが、僕はむしろ逆に、その受け身感に満ち満ちているところ、与えられた状況に必死で対処しようとする、何が起こっても全力で受け止めて対応しようとしてしまうところに、何か露骨かつ赤裸々でバイタルなエネルギーを感じます。

▼設計図のないところに生まれるもの

ところで、村上春樹さんもこの「馬」を取り上げた文章を書いています。彼は九〇年代にアメリカのプリンストン大学で約一年間、日本の戦後作家を取り上げるという講義を行いました。その講義録を基にした『若い読者のための短編小説案内』という本が出ています。この中で、村上さんは「馬」について、次のように言っています。

それはおそらく「これからひとつ変な話を書いてやろう」という構え、みたいなものが作者の中になかったからではないでしょうか。むしろまともにストレートに話を書こうと思っていたのに、書いているうちに予期せぬ流れに乗って話が勝手にどんどん違う方向に逸れていって、結局こんな風になってしまったのじゃないかと、この作品を読んでいて僕は想像するのです。作者自身の中に「あれあれ、へえ、こんな風になっちゃうのか」という新鮮な驚きみたいなものがあって、それが作品に生き生きとした力を与えているように感じられます。決して計算されてそこに持ち込まれたものではない。別の言い方をすればその「変さ」は、小説的な装置というよりも、小島信夫という作家個人の中に本来的に普遍的に、一種の源泉として内在しているものではあるまいか、そのように感じるわけです。

（『若い読者のための短編小説案内』）

一人の小説の書き手として、これには僕も同意します。「馬」のような小説は、あらかじめ作った設計図にのっとって書いたようには思えない。書いているうちに、どんどん予期せぬ流れが作られていって、違う方向に行ってしまった。まっすぐ進むはずだったところへ脇にそれる獣道のようなものが見えたとき、書き手はその獣道へ入り込む誘惑に抗(あらが)えない。しかし、そういう冒険をしながら書き上げた作品にこそ、大きな力が宿っている気がしてならないのです。

おわりに――利他が宿る構造

中島岳志

「利他」の反対語は「利己」ですが、このふたつは常に対立するものではなく、メビウスの輪のようにつながっています。利他的な行為には、時に「いい人間だと思われたい」とか「社会的な評価を得たい」といった利己心が含まれています。利他的になろうとすることが利己的であるという逆説が、利他／利己をめぐるメビウスの輪です。

そんな利己的な利他は、自己の善意の押しつけになってしまい、かえって相手を困らせてしまうことがあります。潰瘍性大腸炎に苦しんできた著述家の頭木弘樹（かしらぎひろき）さんは、『食べることと出すこと』のなかで、とても重要なエピソードを紹介しています。

頭木さんは病気で食べられないものがあります。あるとき、仕事の打ち合わせで、相手から案内された店に行きました。その人のお勧めの料理がすでに注文されており、「これおいしいですよ」と勧められました。しかし、それは頭木さんの食べることができないものでした。相手も頭木さんが難病を抱えていることを知っています。「すみません。これはちょっと無理でして」と返事をすると、一度は「ああそうですか。それは残念です」と引き下がってくれたものの、しばらくするとまた同じものを勧めてきて、「少しくらいなら大丈夫なんじゃないですか」と言うのです。手をつけずにいると、周りの人まで「これ、おいしいですよ」とか「ちょっとだけ食べておけばいいじゃないですか」と言い始めます。

仕事相手の人は、「おいしいものを食べさせたい」という思いから勧めているのですが、その押しつけは、頭木さんにとっては恐怖でしかありません。断ってもまだ勧めてくる。その段階になると、「利他」のなかに含まれていた「利己」が前景化してきます。

二〇二〇年二月、東京工業大学に「未来の人類研究センター」が設立され、「利他プロジェクト」という研究グループが始まりました。人文社会系の研究者が集まり、理工系の研究者と交わりながらプロジェクトを進めています。

本書の五人は、「未来の人類研究センター」で、この厄介な「利他」という問題に取り組んできました。読んでいただくと分かると思いますが、五人のアプローチの仕方はさまざまで、それぞれ専門分野も異なります。

しかし、驚いたことに、利他をめぐって共通する人間観に行き着きました。それは「うつわになること」です。本書のポイントは、ここにあるといえるでしょう。

伊藤さんは数値化によって消えていく利他の契機に注目し、「自分の行為の結果はコントロールできない」という地点にたどり着きます。そこでは相手に対する過干渉は遠ざけられ、任せることや信頼することの重要性が見出されます。そうすると私たちは、自然と「うつわ」のような存在になっていきます。さまざまな存在が入ってくることのできるスペースをつくること。計画どおりに進むことよりも、予想外の生成を楽しむこと。そうすることで、「利他」の「他」は人間世界を超えて、生類すべてに開かれていきます。

若松さんは、まさに民藝における「器」を論じることで、無為のなかに利他の本質を見出します。人間の意思を超えたものによって促されるとき、そこに利他が生まれます。利他的になろうとする作為によってこそ、利他は遠ざかっていきます。重要なのは「自」と「他」がひとつになること。そのあわいに生成するのが「利他」であり、それが「一なるもの」のあらわれなのです。

國分さんは「中動態」の重要性を説きます。近代人は、自己の行為は「意志」によって統制されていると勘違いしています。しかし、古代ギリシアには「意志」という概念がなく、近代が神格化したものにすぎません。「意志」を至上の存在と見なしたとき、「中動態」という文法が弱体化し、自己の行為を「意志」が所有するという勘違いが起こりました。國分さんが再興を促す「中動態」は、自己が行為の場所となり、生成変化が起きていくことに力点が置かれます。

磯﨑さんは、小説の実作者の立場から、設計図を超えた小説の推進力に注目します。小説は、小説家が所有しているのではありません。書き手がストーリーをコントロールするのではなく、小説自身が自己生成し、展開するのです。そこでは、作者は小説の「うつわ」として存在します。

私（中島）も、まったく同じ感覚を、利他の本質と考えてきました。大切なのは意図的な行為ではなく、人知を超えた「オートマティカルなもの」であり、そこに「利他」が宿る構造こそが重要だと論じました。これも人間が「うつわ」として生きることに直結します。

「未来の人類研究センター」の「利他プロジェクト」のチャレンジは、これからも続きます。メンバーも増え、新たな生成がどんどん起きると思います。私たちのプロジェクトが「うつわ」となり、そこで湧き上がってきたものを、これからも社会に問いかけていきたいと思います。ご期待ください！

最後に、私たちのプロジェクトを支えてくださっている中原由貴さんに御礼を申し上げたいと思います。「未来の人類研究センター」のホームページには、中原さんの研究会レポートが掲載されています。私たちがどのような研究会を開催し、どのような議論を交わしているかが公開されていますので、ぜひアクセスしてみてください。また、これもホームページで、折々にメンバーで収録した「利他ラジオ」も公開しています。こちらもミュージシャンが本業の中原さんが、本格的なラジオ番組のように編集してくださいました。

本書は集英社新書編集部の服部祐佳さんが編集を担当してくださいました。研究会にも参加していただいたことで、問題意識を共有しながら本書をつくることができました。本書が「うつわ」のような存在になっていれば、それは服部さんのおかげだと思っています。

構成／斎藤哲也、中原由貴、細貝さやか、水原央

参考文献

はじめに——コロナと利他　伊藤亜紗

「Harper's BAZAAR」ハースト婦人画報社、二〇二〇年一一月号

第一章「うつわ」的利他——ケアの現場から　伊藤亜紗

ピーター・シンガー『あなたが世界のためにできるたったひとつのこと——〈効果的な利他主義〉のすすめ』関美和訳、NHK出版、二〇一五年
パオロ・ジョルダーノ『コロナの時代の僕ら』飯田亮介訳、早川書房、二〇二〇年
ジャック・アタリ『2030年ジャック・アタリの未来予測——不確実な世の中をサバイブせよ!』林昌宏訳、プレジデント社、二〇一七年
ジェリー・Z・ミュラー『測りすぎ——なぜパフォーマンス評価は失敗するのか?』松本裕訳、みすず書房、二〇一九年
ジョアン・ハリファックス『Compassion（コンパッション）——状況にのみこまれずに、本当に必要な変容を導く、「共にいる」力』一般社団法人マインドフルリーダーシップインスティテュート監訳、海野桂訳、英治出版、二〇二〇年
サミュエル・ボウルズ『モラル・エコノミー——インセンティブか善き市民か』植村博恭、磯谷明徳、遠山弘徳訳、NTT出版、二〇一七年

デヴィッド・グレーバー『ブルシット・ジョブ――クソどうでもいい仕事の理論』酒井隆史、芳賀達彦、森田和樹訳、岩波書店、二〇二〇年
山岸俊男『安心社会から信頼社会へ――日本型システムの行方』中公新書、一九九九年
ブレイディみかこ、栗原康「コロナ禍と〝クソどうでもいい仕事〟について」「文學界」文藝春秋、二〇二〇年一〇月号
伊藤亜紗、村瀬孝生「ぼけと利他（1）」「みんなのミシマガジン」ミシマ社、二〇二〇年八月一三日
鷲田清一『「聴く」ことの力――臨床哲学試論』TBSブリタニカ、一九九九年
スナウラ・テイラー『荷を引く獣たち――動物の解放と障害者の解放』今津有梨訳、洛北出版、二〇二〇年
大隅良典、中島岳志、伊藤亜紗「ノーベル賞学者と考える、これからの社会に必要な『利他』の視点」「現代ビジネス」講談社、二〇二〇年四月五日

第二章　利他はどこからやってくるのか　中島岳志

志賀直哉『小僧の神様　他十篇』岩波文庫、二〇〇二年（改版）
チェーホフ「かき」『カシタンカ・ねむい　他七篇』神西清訳、岩波文庫、二〇〇八年
マルセル・モース『贈与論　他二篇』森山工訳、岩波文庫、二〇一四年
マーシャル・サーリンズ『石器時代の経済学』山内昶訳、法政大学出版局、二〇一二年（新装版）
「参長谷男依観音助得富語」『新日本古典文学大系35　今昔物語集　三』佐竹昭広ほか編、岩波書店、一九九三年

『歎異抄』金子大栄校注、岩波文庫、一九八一年（改版）

第三章　美と奉仕と利他　　若松英輔

『論語』金谷治訳注、岩波文庫、一九九九年
『日本思想大系4　最澄』安藤俊雄、薗田香融校注、岩波書店、一九七四年
『空海コレクション2』宮坂宥勝監修、ちくま学芸文庫、二〇〇四年
柳宗悦「下手もの、美」「朝鮮の友に贈る書」「失はれんとする一朝鮮建築のために」「琉球の富」『民藝四十年』岩波文庫、一九八四年
柳宗悦『工藝の道』講談社学術文庫、二〇〇五年
柳宗悦「美の法門」『新編　美の法門』水尾比呂志編、岩波文庫、一九九五年
柳宗悦「哲学的至上要求としての実在」「『無為』について」『柳宗悦・宗教選集第1巻　宗教とその真理』春秋社、一九六〇年
岡倉覚三『茶の本』村岡博訳、岩波文庫、一九六一年（改版）
宮沢賢治『新編　銀河鉄道の夜』新潮文庫、一九八九年
濱田庄司「一瞬プラス六十年」『無盡蔵』講談社文芸文庫、二〇〇〇年
『マタイによる福音書』フランシスコ会聖書研究所訳注、サンパウロ、一九八八年（第五刷）
柳宗悦『南無阿弥陀仏　付・心偈』岩波文庫、一九八六年
『歎異抄』金子大栄校注、岩波文庫、一九八一年（改版）

柳宗悦「茶道を想う」『柳宗悦茶道論集』熊倉功夫編、岩波文庫、一九八七年
柳宗悦『即如の種々なる理解道』日本民藝館、一九六七年
柳宗悦『朝鮮を想う』高崎宗司編、筑摩叢書、一九八四年

第四章　中動態から考える利他——責任と帰責性　國分功一郎

國分功一郎『中動態の世界——意志と責任の考古学』医学書院、二〇一七年
エミール・バンヴェニスト『一般言語学の諸問題』岸本通夫監訳、みすず書房、一九八三年
ハンナ・アーレント『精神の生活〈下〉 第二部 意志』佐藤和夫訳、岩波書店、一九九四年
Jean-Pierre Vernant, "Ebauches de la volonté dans la tragédie grecque" (1972), Jean-Pierre Vernant & Pierre Vidal-Naquet, *Mythe et tragédie en Grèce ancienne*, Tome I, La Découverte, 2001.
ブルーノ・スネル『精神の発見——ギリシア人におけるヨーロッパ的思考の発生に関する研究』新井靖一訳、創文社、一九七四年
ソフォクレス「オイディプス王」高津春繁訳、『ギリシア悲劇Ⅱ ソポクレス』松平千秋ほか訳、ちくま文庫、一九八六年
熊谷晋一郎「強いられる他者の理解」「at プラス」太田出版、第三一号、二〇一七年二月

第五章　作家、作品に先行する、小説の歴史　磯﨑憲一郎

北杜夫『楡家の人びと』新潮社、一九六四年

北杜夫「谿間にて」『夜と霧の隅で』新潮文庫、一九六三年
磯﨑憲一郎『肝心の子供』河出書房新社、二〇〇七年
北杜夫『羽蟻のいる丘』文藝春秋新社、一九六〇年
ガブリエル・ガルシア=マルケス『百年の孤独』鼓直訳、新潮社、一九七二年
保坂和志『この人の閾』新潮社、一九九五年
小島信夫『抱擁家族』講談社文芸文庫、一九八八年
小島信夫『アメリカン・スクール』江藤淳解説、新潮文庫、一九六七年
江藤淳『成熟と喪失――〝母〟の崩壊』河出書房新社、一九八八年（新装版）
小島信夫「馬」『アメリカン・スクール』江藤淳、保坂和志解説、新潮文庫、二〇〇八年（改版）
フランツ・カフカ『変身』中井正文訳、角川文庫、二〇〇七年（改版）
村上春樹『若い読者のための短編小説案内』文藝春秋、一九九七年

おわりに――利他が宿る構造　中島岳志

頭木弘樹『食べることと出すこと』医学書院、二〇二〇年

＊引用文中の太字・傍点は、原文によっています。

伊藤亜紗（いとう あさ）

美学者。『記憶する体』を中心とした業績でサントリー学芸賞受賞。

中島岳志（なかじま たけし）

政治学者。『中村屋のボース』で大佛次郎論壇賞受賞。

若松英輔（わかまつ えいすけ）

批評家、随筆家。『小林秀雄 美しい花』で蓮如賞受賞。

國分功一郎（こくぶん こういちろう）

哲学者。『中動態の世界』で小林秀雄賞受賞。

磯﨑憲一郎（いそざき けんいちろう）

小説家。『終の住処』で芥川賞受賞。

「利他(りた)」とは何(なに)か

集英社新書一〇五八C

二〇二一年三月二二日 第一刷発行
二〇二一年六月一五日 第一四刷発行

著者……伊藤亜紗(いとうあさ)／中島岳志(なかじまたけし)／若松英輔(わかまつえいすけ)／國分功一郎(こくぶんこういちろう)／磯﨑憲一郎(いそざきけんいちろう)

発行者……樋口尚也

発行所……株式会社集英社

東京都千代田区一ツ橋二‐五‐一〇 郵便番号一〇一‐八〇五〇
電話 〇三‐三二三〇‐六三九一（編集部）
〇三‐三二三〇‐六〇八〇（読者係）
〇三‐三二三〇‐六三九三（販売部）書店専用

装幀……原 研哉

印刷所……大日本印刷株式会社 凸版印刷株式会社

製本所……加藤製本株式会社

定価はカバーに表示してあります。

ISBN 978-4-08-721158-0 C0236

Printed in Japan

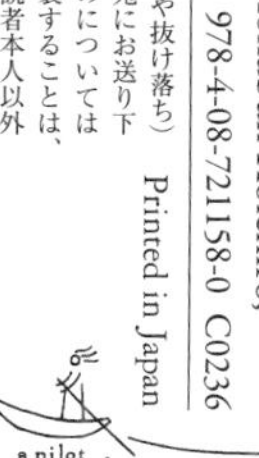

哲学・思想――C

ブッダは、なぜ子を捨てたか　山折哲雄
憲法九条を世界遺産に　太田光　中沢新一
「狂い」のすすめ　ひろさちや
偶然のチカラ　植島啓司
日本の行く道　橋本治
「世逃げ」のすすめ　ひろさちや
悩む力　姜尚中
夫婦の格式　橋田壽賀子
神と仏の風景「こころの道」　廣川勝美
無の道を生きる――禅の辻説法　有馬頼底
新左翼とロスジェネ　鈴木英生
虚人のすすめ　康芳夫
自由をつくる 自在に生きる　森博嗣
創るセンス 工作の思考　森博嗣
努力しない生き方　桜井章一
いい人ぶらずに生きてみよう　千玄室
生きるチカラ　植島啓司
韓国人の作法　金栄勲
自分探しと楽しさについて　森博嗣
人生はうしろ向きに　南條竹則
日本の大転換　中沢新一
小さな「悟り」を積み重ねる　アルボムッレ・スマナサーラ
犠牲のシステム 福島・沖縄　高橋哲哉
気の持ちようの幸福論　小島慶子
日本の聖地ベスト100　植島啓司
続・悩む力　姜尚中
心を癒す言葉の花束　アルフォンス・デーケン
自分を抱きしめてあげたい日に　落合恵子
その未来はどうなの？　橋本治
荒天の武学　内田樹　光岡英稔
世界と闘う「読書術」思想を鍛える一〇〇〇冊　佐高信　佐藤優
心の力　姜尚中
一神教と国家 イスラーム、キリスト教、ユダヤ教　内田樹　中田考

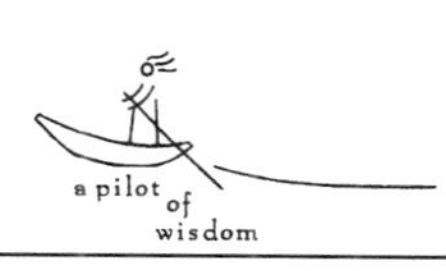
a pilot of wisdom

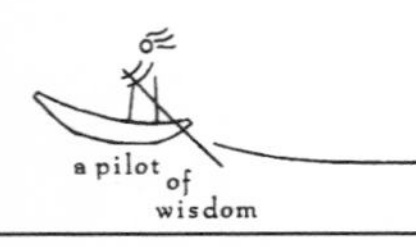

花ちゃんのサラダ　昭和の思い出日記〈ノンフィクション〉
南條竹則　1048-N
懐かしいメニューの数々をきっかけに、在りし日の風景をノスタルジー豊かに描き出す南條商店版『銀の匙』。

万葉百歌　こころの旅
松本章男　1049-F
随筆の名手が万葉集より百歌を厳選。瑞々しい解釈と美しいエッセイを添え、読者の魂を解き放つ旅へ誘う。

拡張するキュレーション　価値を生み出す技術
暮沢剛巳　1050-F
情報を組み換え、新たな価値を生み出すキュレーション。その「知的生産技術」としての実践を読み解く。

福島が沈黙した日　原発事故と甲状腺被ばく
榊原崇仁　1051-B
福島原発事故による放射線被害がいかに隠蔽・歪曲されたか。当時の文書の解析と取材により、真実に迫る。

女性差別はどう作られてきたか
中村敏子　1052-B
なぜ、女性を不当に差別する社会は生まれたのか。西洋と日本で異なる背景を「家父長制」から読み解く。

退屈とポスト・トゥルース　SNSに搾取されないための哲学
マーク・キングウェル／上岡伸雄・訳　1053-C
哲学者であり名エッセイストである著者が、ネットとSNSに対する鋭い洞察を小気味よい筆致で綴る。

アフリカ　人類の未来を握る大陸
別府正一郎　1054-A
二〇五〇年に人口が二五億人に迫ると言われるアフリカ大陸の現状と未来を現役NHK特派員がレポート。

〈全条項分析〉日米地位協定の真実
松竹伸幸　1055-A
敗戦後日本政府は主権国家扱いされるため、如何に考え、米国と交渉を行ったか。全条項と関連文書を概観。

赤ちゃんと体内時計　胎児期から始まる生活習慣病
三池輝久　1056-I
生後一歳半から二歳で完成する体内時計。それが健康にもたらす影響や、睡眠治療の検証などを提示する。

原子力の精神史――〈核〉と日本の現在地
山本昭宏　1057-B
広島への原爆投下から現在までを歴史的・思想史的にたどり、日本社会と核の関係を明らかにする。